ひとみ幸お 成幸の法則

「私はできる！ 私たちはできる！」
幸 1日1話の魔法の言葉

Yukio Hitomi
ひとみ幸お

コスモ21

カバーデザイン◆平本祐子
口絵◆ yo-ka MIDORIKAWA
パート扉写真◆ひとみ幸お

愛

幸動

氣

希望

みんなで勝つ

ひとみ幸お　成幸の法則

はじめに

「あっという間に８月が過ぎ、今年も早９月になりました。どんな８月を過ごしてきましたか？　去年とあまり変わらない８月でしたか。

人生は子どもの頃の夏休みのように、あっという間に過ぎていきます。

私も改めて、出愛った仲間たちと一緒に幸せになることに、本氣でチャレンジしたいと思います。

今月も毎日『成幸の法則』と題して、成幸のためのヒントやツボやコツを発信していきますので、みなさんのスマホの中にメモっておいてください。

また、お仲間に拡散して、成幸の輪を広げてください。

せっかく出愛った私たちは、日々チャレンジする仲間になりましょう」

毎月一日にこんなくだりで始まる「成幸の法則」も２５００回を超え（二〇二三年九月一日は２５２５回）、願い通り転送に転送、拡散に拡散を重ね、なんと１００００

人以上の方に届いているとか……

有難いことです。

私は齢62を数える今年ですが、振り返ってみるとまさに「子どもの頃の夏休み」のように、この歳になるまでの時間の経過はあっという間でした。

若い頃は無限に続く人生のような思いで、先のことなどあまり考えずに日々を駆け抜けていた氣がします。

私自身は40歳のときに「命とは時間である」という思いがハッキリと頭の中に浮かび、それ以来どうしたら自分の命と思しきわが人生の「時間」をコントロールできるかを考えながら過ごしてきました。

「成功」という2文字は多くの人が経済的な側面をクローズアップしがちです。「幸せ」とは、経済的成功だけで成り立つものではありませんので、私は「成幸」という文字を意識することにしたのですが、それも40歳のときです。

明石家さんまさんの「生きてるだけで丸もうけ」という有名な言葉がありますが、私も今日一日精一杯生きられることに感謝することが大切だと思います。

そして、それが「幸せ」の原点です。

ならば、多くの人がそんな思いで日々を過ごし、さらに大きな「幸せ」とは何かを考えることを通じて、自分の人生の「成幸」に向き愛う（こんな当て字も大好きです）ことができたとしたら……

健康であること。
笑顔いっぱいで生きること。
仲間と夢を語り愛えること。
経済も自由になること。
生きる目的を持つこと。
自分の「命＝時間」のイニシアティブを取れること。
天命を知ること。

「成幸」の要素は数限りなくありますが、いずれにしても自分の内側からにじみ出す「幸せ」こそが「成幸」の原点なのです。

誰にも何にも左右されない自分自身の内側から溢れ出す「成幸」のエネルギーが、私たちの人生を豊かにするに違いありません。

そのための技術（スキル）と、それを支える自分自身の内なる力（メンタリティ）の両輪を育んでいこうという呼び掛けのメッセージが「成幸の法則」です。

毎朝5時くらいにお仲間に配信していたこのメッセージを、今回出版いただけるという「幸せ」に恵まれました。これまで約7年間書き続けたナンバーの中から、「人生が変わるきっかけになった」「生きる勇気をもらえた」「自分を認め自信が持てた」などのお礼が届いたものや、思いのこもったリクエストのあったものを選んだＢＥＳＴ60話です。

この本を手にしてくださった皆さんが、毎朝パッと開いたページからインスパイアされる「何か」が一人ひとりの「成幸」につながることを念じつつ、２５００編以上あるメッセージの中から、大好きなお仲間たちからのリクエストも含め厳選した珠玉の60編です。

たった一度の人生を豊かに生き抜くため、何歳になっても輝く未来を大きく描ける人であるため、この1冊がお役に立てることが私の「成幸」のひとつでもあります。

あっという間のこの人生、たった一度のこの人生の価値が大きく膨らみますように。

私たち一人ひとりの愛が、次の世代の一人ひとりにつながりますように。
そして、世界が平和になりますように。
そんなことを願い、力を愛和（あわ）せて生きることが、きっと「成幸」なのです。

二〇二三年九月

ひとみ幸お

＊本書に登場する造語について

文章中に登場します「愛（あ）□□」「幸動（こうどう）」「最幸（さいこう）」「成幸（せいこう）」「共動（きょうどう）」「顔晴（がんば）る」といった言葉は、「全ては幸せのためにある」という私の考えに基づいて考案した造語です。
その意味をくみ取っていただければ幸いです。

＊本書の読み方について

パートⅠから順番に読んでいただいても結構ですが、オススメは1日のはじめに、呼吸を整え、心を落ち着けて直感で本書を開いてみることです。そこには、きっとあなたがその日、成幸するための扉を開く言葉があることでしょう。

ひとみ幸お　成幸の法則……もくじ

パートⅠ　チャンスにチャレンジして人生をチェンジしよう！

パートII　自分を生きる　自分を信じる

パート III　奇跡を呼び込む

パート IV 自分の在り方を確かめる

幸せになる道は「光の道」 137
リーダーの「人となり=在り方」で決まる 140
成幸環境 143
知覚動考 146
すぐやる！ 149
レジリエンスを高める 152

パートV 夢はでっかく、感謝は深く

パートⅥ 愛と光を与える人生

チャンスにチャレンジして人生をチェンジしよう！

本来の自分を生きる

「心は天国を作り出すことも、地獄を作り出すこともできる」

ジョン・ミルトン

自分自身の現在の「次元」と言われても、ピンと来ない人が多いと思います。

「次元」が高い自分も低い自分も、両方とも自分なのですが、「次元の高い自分」を発揮していくと、自分が「存在する世界の次元」が高くなるのです。

周りが変わります。

見え方も変わります。

感覚が研ぎ澄まされます。

感動が沸き起こります。

それにはまず、日々、今の自分の「次元」を感じることが大切です。
もし、低い「次元」の自分を認めないでいると、さらに「次元」を下降させてしまいます。低い「次元」のときは、
どうしようもない自分、
なさけない自分、
姑息な自分、
計算高い自分、
自己中な自分、
……、
そんな自分が現れています。
そういう全てを自分だと認めること。認めた先に、改めて次元上昇の波がやって来ます。
無理に、立派な人間になろう、立派な人間になろうとしないことも大切です。何故なら、それは逆に「立派ではない自分」という価値観を潜在意識に刻み込んでしまう

からです。それで、さらに負のスパイラルに嵌(はま)る。

私たちの脳は意識すればするほど「逆のエネルギー」を増大させてしまいます。

「本来の自分を生きる！」と決めるのです。そのほうが、高い「次元」の自分が発揮されていきます。


「本来の自分」を生きながら、高い次元で安定するようにエネルギーの高い環境に居続けるのです。そんな環境が周りにある人は、とても素敵な運に恵まれています。改めて、そのなかにいられることに感謝しつつ、自然と次元を高める磨き愛(あ)いをしていきましょう。

「次元を高め、在り方を整える」ことが成幸(せいこう)への王道です。

成幸(せいこう)の扉

「捨てれば捨てるほど、より多くのものが手に入る」
ションバ・ニヤン

「捨てる神あれば拾う神あり」という言葉があります。
どんな解釈をしていますか？
今までの人生でピンチになったことはありますか？
そのとき、周りの人はどんな反応を向けてきましたか？

私はいく度もピンチがありました。
それまで調子良く周りにいた人が、蜘蛛の子を散らすようにいなくなる反面、そんなときにもしっかりと手を差し伸べてくれる応援者がはっきりと目に映りました。正に、「捨てる神あれば拾う神あり」です。

こんなふうにも考えました。「ピンチの今だからこそ『捨てる』ことができる」と。何かを捨てなければ、新しい何かは手に入らないのです。

ピンチの後もまたこれと同じ。最悪だと思った後には、最幸（さいこう）だと思えることが必ず待っているのです。


ピンチの最中は、なかなかそうは思えませんが、実はそこには小さなチャンスの芽が立派に育っているということ。

ピンチの後には必ず別のドアが開きます。それを信じて疑わないこと、決して諦めないことが大切です。すると、必ず……チャンスのドアを開けられます。

私たちは居場所（環境）を変えたり、今やっていることを手放したり、一緒にいる人と離れたりすることに恐れがあります。しかし、たとえ今が順調に見えても、それが続く保証はありません。しかも、実はジリ貧になっているかもしれないのです。

現状をしっかり分析する視点を持ちましょう。
今のままが本当にいつまでも続くのでしょうか?
現在の延長に、本当に望む未来が見えていますか?
人生は常にチャレンジです。そして、そのチャレンジこそが成幸の扉を開けるのです。
だから、ピンチから逃げない。
ピンチを真正面から受け止めて、しっかりと自分の力に変えるのです。
成幸を手にするための本当の敵は、自分の中に潜む、現状維持を望む怠惰な心です。

打ち込む決意

「有名な人と普通の人を分けるのは、何かに打ち込んだ量の差だと思う」
イアン・ソープ

一歩踏み出す「勇氣」が人生を大きく変えることは頭でわかっても、なかなか幸動につながらない……、そんな経験はありましたか？　ですから、何かを始める前には、事業計画を立て、様々なシミュレーションを繰り返し、不安を極限まで減らす努力をするのです。

しかし、およそ新しく始める事業は、成幸のイメージに向かって、一直線かつ無難に進んでいけるものではありません。

動き始めてみれば、つまずいたり、思うように進まず悩んだり、様々な壁にぶつかることでしょう。

そんな色々な困難を経て、辛苦をなめて、初めて成幸を手にするのです。

そもそも何かをスタートするのなら、取り組むことが好きであること、楽しく努力できること、本氣になることが大切です。

どうしても好きになれないという人は、とにかくまずは一生懸命、一心不乱にそのことに打ち込んでみることです。そうすることで、苦しみの中から喜びがにじみ出るように生まれてくるものです。


相手がいることなら、その方が喜ぶことを常に想定して様々な取り組みをすることに時間をかけてください。相手の喜びを自分への「報酬」として「打ち込む」のです。「好き」と「打ち込む」はコインの表と裏のような関係です。好きだからこそ打ち込めるし、打ち込んでいるうちに好きになっていくものなのです。

この「打ち込む」という体験こそが、自らの器を大きくし、スキルもメンタルも飛躍的に向上させます。そのときにしっかりと目利きのできるメンターの存在がそばにあれば鬼に金棒。成幸の未来へまっしぐらとなることでしょう。

常に結果に対して「検証」を加え、新たな目標を設定し、その達成に向け「打ち込む」のです。

そして、都度、記録をとる。記憶の中だけでしている活動では、成幸が遠く霞んでいくことになるでしょう。

しっかりとその手に、輝く未来を摑むために、人一倍丁寧に「打ち込む」決意を新たにしてください。

決めているようで決めていない

「固く決意して、朝な夕な鍛練して技を磨きつくした後、自然に自由になり、自ずから奇跡的な力を得、神通力の不思議があるのである」

宮本武蔵

多くの人が成幸できないまま人生を閉じるのは、一体何故なのでしょうか。

チャンスに恵まれないから？

能力が足りないから？

運が無いから？

どれもその理由として有り得ることではありますが、一番は「決めていない」ということ。

決めているようで決めていない、そんな人が多いのです。コミットメント（決める）するということは、簡単ではないようです。

すぐやる！
なんでもやる！！
とことんやる！！！
できるまでやる！！！！
成幸したいのなら、四の五の言わずにすぐやるのです。
あれこれ能書きを言わずに、なんでもやるのです。
手を抜かずに、とことんやるのです。
諦めずに、成幸するまでやるのです。
決めているとは、そういうことです。

わが子にひとりで留守番をさせていて、家に戻ってみると家が火事で、わが子が煙に巻かれて苦しそうに叫んでいたらどうしますか？

すぐに窓を割るための石を探して、窓ガラスを割り、中に飛び込むことでしょう。悠長に消防車を呼ぶために、カバンから電話を取り出している間に、わが子が命を落としてしまうかもしれないのです。自分の命も顧みず、飛び込む覚悟を一瞬にして決めることでしょう。

それが、コミットした状態です。

コミットしている人のそばにいましょう。その人となら、きっと成幸人生を歩めるからです。「この人だ！」と思う人がいたら、ピッタリと張り付いてください。そして、その人と一緒に幸動（こうどう）の検証をしながら未来へ進んで行くのです。

その人のアドバイス以上に努力を重ねてみてください。いつの間にか、その人が鏡に写った自分のようになりますから。

選択のチカラ

「勇気と決断と行動力さえ持ち合わせておれば、あとのことは天に任せれば良い」
司馬遼太郎

私たちは、成幸（せいこう）を手にするために「在り方」を整える努力をしています。「やり方」を学んだだけでは成幸は手に入らないからです。

「在り方」を整えることは、自分自身の「生き方」を整えること。

たとえば、思うようにならない結果を、いつも被害者意識で誰かのせいにする人がどうして成幸できましょう。常に「自分が源」という信念で生きることが、成幸の「在り方」のひとつです。

何かに取り組むときに、いつも行き当たりばったりでそれを容認し、「行き当たりバッチリでいい」などと言っているだけで、本当に豊かな未来を築くことができるでしょうか？

取り組むときの姿勢として、幸動（こうどう）も言動も意図が大切です。

たとえば、「多くの人の笑顔を創る」という意図を持って動けば、自ずとそこに向かって工夫をし、知恵を絞り、準備をすることでしょう。自然と「在り方」も整います。相手の笑顔を描いたとき、自分のエゴは消えるからです。

ですから、行き当たりばったりの人生をとっとと手放し、未来を大きく描いて意図的に動くのです。

在り方が整い次元が上がる度に、周りにも支援者が集まります。成幸の土壌が醸成されていくという道理です。

そして、もうひとつ。

成幸のためには「選択の力」の意味を知ることが大切。誰かの力に流されているだけでは、急流に流され翻弄される木の葉のような人生です。自らの力で人生を切り開いていく力、それが「選択の力」です。

私たちは、ともすると何も考えずに一日を終えます。「いや、そんなことはありません」という人でも、そのほとんどは目の前の出来事に、オートマチックな反応をしているだけなのです。生活のほとんどはオートマチックリアクションで成り立ってしまうからです。

自分の意志で一つひとつの決断を下す。その「選択の力」は、人生を豊かにするうえで高めたい力の最たるものです。

真実の声

「人生はどちらかです。勇気をもって挑むか、棒にふるか」

ヘレン・ケラー

この成幸(せいこう)の法則を読んでいただいている皆さんは、おいくつになったのでしょうか？

やりたいことをやってきましたか？

子育てが大変で、やりたいことを我慢していますか？

仕事ばかりの毎日で、やりたいことなど考えられない日々ですか？

やりたいことをやるにはもう年をとりすぎていると思っていますか？


どんな状況でも、「本当にやりたいこと」があるのなら、後々後悔しないよう、やっておいたほうがいいでしょう。

自分の中の悲観主義者が「そんなこと言っても無理なものは無理だ」と言っているかもしれませんが……。

しかし、それは真実の声ではありません。その声（自分の内なる声）にしっかり反論をする勇氣を持ちましょう。


私たちは、いくつになってもチャレンジをすることができます。もちろん、人生をやり直すことだって。

先日80歳からサーフィンを始めたという、84歳の男性の特集をテレビで観ました。その人は番組の中で、「楽しいことをするのが人生」と話していました。生きいきとしていました。若々しかったです。リン、シャン、ピンとしていました。

自分の中に住み着いている悲観主義者、ドリームキラーに本当の思いを伝えましょう。


人生は思った通りにしかならないのです。それを証明した人は世の中にいくらでもいます。

有名な話では、あのケンタッキーフライドチキンのカーネル・サンダース。彼は65歳でレストラン経営に失敗し、全財産を失ったのです。しかし、失意のなか、そこからフライドチキンのレシピを売り始め、なんと1009軒も断られ、次の1010軒目にしてようやく採用されたとのこと。その思いは現在、125の国で約2万の店舗が存在するまでに成長したのです。

チャレンジに年齢は関係ありません。

困難な状況も乗り越えられないものはありません。

どんな人生を生きるかは、まさに自分次第なのです。

お天道様のサイン

「ピンチはチャンス」

大橋武夫

人生の中でチャンスが何度か巡ってくるときに、ピンチが突然訪れることがあります。このときこそが、正に「ピンチはチャンス」のときなのですが、私たちは愚かですから、目の前のピンチに右往左往してしまいます。

春の前に必ず冬があるように、チャンスの前にピンチがあることは、決して不思議ではありません。

困ったことが起こったときは、お天道様のサインかもしれません。

慌てず、騒がず、逃げ出さず。じっと落ち着いて、トンネルの出口に向かって歩く勇氣を持ちたいと思います。

そうです。春の来ない冬がないように、出口のないトンネルもないからです。困ったときは、春が近いときに違いありません。

このように考えることはとても大切ですが、冷静にピンチを分析して打開する策を練ることも現実的な方策です。

ピンチに陥ってしまった場合は、まずはその事実をしっかり受け入れること。

そして、ピンチを招いた原因を客観的に考えるクセをつけましょう。

ピンチの際は「何で私だけが……」のように主観的に考えてしまいがちです。

ただ、主観的になると感情面だけが表に出てしまいます。

それでは、冷静な判断を欠いてしまいます。

ピンチに陥ったときにはまず冷静になり、状況を分析し、打開策を考察することが重要です。

状況を好転させるためには、多くのエネルギーと高い集中力が必要です。

ピンチに陥り疲弊してしまえば、いいアイデアや打開策も生まれません。ときには周りの人に一緒に打開策を考えてもらうなど、心をリラックスさせることも大切です。

そして氣分一新したところで、全力で問題解決にあたるのです。


私はできる！

私たちはできる！！

この、魔法のインカンテーションを繰り返し、必ず「突破」できると、自分を鼓舞してください。

私たちは様々な苦難を乗り越え、成幸（せいこう）するために生まれてきたのですから。

諦めないが最後の秘訣

「根気強さはとても重要だ。諦めることを強いられないかぎり、あなたは諦めるべきではない」

イーロン・マスク

多くの成幸者の話に共通なことは、「諦めない」です。

ストイックなまでに、しつこく、根氣強く、粘り強く、これでもかこれでもかと常に未来を信じてやり続ける。

その意志を持つことが成幸の秘訣だとしたら……、それにチャレンジすることは難しいことではなく、自分の意志を試すチャレンジだということ。

コレ！　と決めてしつこく突きつめ結果を出すチャレンジです。

宇宙から見ると、成幸までもうあと一歩のところまで来ているのに、諦めてしまう人がとても多いのです。

最後の粘り…、最後の一滴を絞り出す粘りがある人が到達する境地。これは、自分の夢を完成させるための最後の秘訣です。そして、この最後の粘り、最後のひと絞りができることで魂の成長が望めるのです。

それは即ち、人としての価値がその瞬間高まるということ。

成幸とは、土壇場で粘りを発揮できるかどうかで決まると言っても過言ではありません。粘りを発揮できる心の強さを手にするための修行が人生だとしたら、重く考え過ぎることなく、何をするにも「あと1回」を愛い言葉に顔晴る意識を持つことがスタートです。

しかも笑顔で。

自分の人生が豊かになるための「あと1回」をサボることなく、諦めることなくやり続ける意志の強さを意識しましょう。

人生は正に自分との闘いなのです。

私たちの中には、無限といっても良いほどの大きな可能性が詰まっています。それなのに、その可能性を発揮できている人は思いのほか少ないものです。

人は生まれてから20歳になるまでに、平均で14万8千回もの否定的な言葉をかけられているそうです。

これは1日平均約20回。毎日これだけ否定されていると、無意識のうちに自分の可能性にブレーキをかけてしまうのも、やむを得ない氣がします。

「自分には無理だ」という刷り込まれた思い込みが、「諦め」を生み出しているのだとしたら……、成幸のためにその刷り込みを消すことは必須ということです。

自分のパターンを打ち破る

「夢と現実は違うなどという皮肉に惑わされてはいけない。それは、夢を現実に変える努力を怠った人間の、苦し紛れの言い訳に過ぎない」

三木谷浩史

成幸（せいこう）できない人の特徴の一つに「言い訳」があります。何かともっともらしい理由（言い訳）を付けて、自分が動かないことを正当化する悪しきハビット（習慣）。

自信がないから。
ズボラだから。
不器用だから。
ビビリだから。

頭が良くないから。

時間が無いから。

親が反対しているから。

優しすぎるから……

こんな台詞とともに、始めの一歩が踏み出せなかったり、立ち止まったり、諦めてしまったり……。


自分の現状の力や、そのときのタイミング、運氣の流れなどが不揃いでも、いずれ振り子は逆に振れ始めます。それが「宇宙の法則＝成幸の法則」です。

自分の現状とは反対側の自分に期待を寄せ、努力することができると、必ず大きな花が開きます。

言い訳をしている自分に、素直に氣付くことができれば、人生を反転させることは大いに可能なのです。

そして、確実に反転させるために必要なことは、「大切なもの」「大切な人」にしっかり「自分を与える」ことです。それによって、人生のリズムがガラッと変化することでしょう。

言い訳をして逃げる前にしっかりと「受け取る」こともできるようになります。それは、陰ながら応援してくれる人の愛や、厳しい言葉で叱咤激励してくれる人の思いです。

「受け取ること」と「与えること」は表裏一体の関係です。片側だけを意識していても成幸はできません。

即ち、今の自分の癖をしっかりと確認し、その反対側に成幸のカギがあるということ。反対側とのバランスを取ることが成幸のための条件のひとつです。

バランスが取れると、「受け取れたものは、与えられるもの」という現実を引き寄せ、自己の能力が開花します。

「○○だから成幸できない」という思い込みは、片側からだけの解釈なのです。その思い込みが人生を停滞させ、無呼吸症候群のような息苦しい人生が繰り返し訪れることになるのです。

自分のパターンを打ち破り、両極のバランスを整えましょう。

全ては自分次第

「変人でなければ改革はできない」

小泉純一郎

辛いときに笑っているのは「普通」ではありませんね。「変わった人」と思われるやもしれません。

しかし、この「普通」ということのほうが、案外曲者なのです。

「みんなと同じ」。これで安心していては、成幸を手にすることはできません。

何か災いが降りかかったとき、どんな自分でいられるか。

ただただ打ちひしがれていても未来が開けないと、頭ではわかっていても、おそらくほとんどの人は、「自分が世界でいちばん不幸」といったレベルで落ち込むものです。

たとえば、突然解雇されるというような憂き目にあったとき、どうしますか？　文句を言ったところで現状が変わる訳もなく、誰かに愚痴を聞いてもらったところで未来に光は差しません。

あのスティーブ・ジョブズがアップルを追放されたとき、アニメーションを作るピクサーを設立し、まったく違う分野で成功した話は有名です。

追放されたことを嘆き悲しむのではなく、チャンスだと思ってチャレンジしたことで道が開けたのです。

日本には、「災い転じて福となす」という諺があります。ピンチに見える出来事が、実は最幸（さいこう）のチャンスであることはままあるのです。

ピンチのときほど、自分の感情を整えること。

ピンチのときだからこそ、幸動（こうどう）も前向きに意図してコントロールすること。

その信念があれば、その災いの違った側面や脱出口が見つかるのです。そして、そのピンチを脱するエネルギーが、チャンスを迎え入れ、大きく育てるパワーになるのです。

全ての出来事に色はついていません。私たちが、私たちの視点で、「嬉しい」ですとか「悲しい」、「辛い」という色をつけているのです。

自分の身に起こる出来事に対し、「不機嫌」になるのか、「ご機嫌」でいられるのか、それは自分次第であるということ。

その真実に照らし、何があっても自分の人生を豊かに創り上げるという信念を持って生きたいものです。

「感じる量」が成幸の礎

「信じると決めたのなら、何も語らず、疑うことなく、心から信じるのです」
ウォルト・ディズニー

私たちが「頑張る」を「顔晴る」と書く理由。それは、「頑張る」と書くのがいけないのではありませんから誤解の無きようお願いします。

私は昭和の世代のせいなのか、「頑張る」というイメージは、眉間に皺を寄せて歯を食いしばっている姿なのです。

もっと肩の力を抜いて、自分を信じて、笑顔で「その事」に没頭してみたら、「あら不思議、できちゃった」となり、もっともっと「顔晴ろう」となる。

そんなイメージのほうが楽しく「成幸」に向かえるのです。

「そこ」に導いてくれる人を信じて、「その事」が必ず上手くいくと信じて、頑張らずに顔晴る。

そもそも、「頑張る」とは、「我を張る」から来た言葉だとか……。ならば、我を張らずに笑顔で顔晴る人生を送ろうということで、私たちは「顔晴る」と書くようになりました。

自分の幸せはもとより、多くの人の幸せを願い生きるためには、日々、何があろうと、どんな目に愛(あ)おうと、「信じること」を貫くのです。

では、何を「信じる」のか。

それは「人」です。

結果として裏切られても、信じ続けた結果なら、それはやむ無し。とことん相手を信じるのです。

そして、それを貫く。

氣がつくと、「違う世界」に出ていることでしょう。

信じていると伝わります。

信じているとひとつになれます。

妬み、嫉み、恨み、不安、疑念……を手放せない人は、「人」を信じることができないまま、命の時間を浪費します。


もう一つ、とことん信じるものは「自分」です。

自分を信じ、仲間を信じるその氣持ちが、成幸の礎になります。今日も、それをとことん貫くのみ。

最終的に、自分をどれくらい信じ、相手をどれくらい信じてつながれるか。その「信」の量が成幸の大きさを決定します。

信じる力が強くなると、その人から成幸の光＝「成光」が放たれるようになるのです。

みんなで勝つ

「環境における成功のカギは、人と創造的に協働する能力を持つことだ」
ジェイ・エイブラハム

私たちは「見たいように見て」「感じたいように感じて」生きています。同じ景色を見ていても「見え方」は人の数だけあるのです。

自分が見ているものは、「自分だけの世界」ということを理解してください。

ですから、相手に何か伝えるときは、○○すべきといった「べき論」で話してはいけません。それは自分自身の感じ方に過ぎないからです。

では、どんなスタンスで人と向き愛えばいいか……。それは、「提案」というスタイルをとることです。

上司だから部下に命令ができるなどということがまかり通る時代ではありません。そんなことをしている世界は、軍隊か反社かブラック企業か……。

どんなに自分が正しかろうが、相手が悪かろうが、「そう見えているのは自分」。そのスタンスがしっかり身につくことで大きな「責任」を果たすことができます。

そして互いの違いを認めながら、共動（きょうどう）し、共に汗をかきながら協働するのです。

そうすることで、共に動くチームの中に、共通の理念が生まれる環境が整います。人生の中でなかなか味わうことのできない「みんなで勝つ！」という意識が育ちます。放っておけば、同じことを体験していても、人の数だけ体験が違うという現実を突破できるのです。

一人ひとりの異なる夢が、あたかも重なり愛（あ）う未来を引き寄せるのです。

もちろん一人ひとりの夢も叶います。

「みんなで勝つ！」という環境は、一人ひとりの弱点を補強し、それぞれの強みを活かし、より高いレベルでの解決策を講じることを可能にします。

そのチーム環境に参加する意欲が向上することで、一人ひとりの発想力が向上し、チームの生産性が限りなく高まります。

たとえば、店舗経営者がスタッフとともにそのような環境を創り出す意欲を持ち幸動すれば、間違いなく繁盛店になることでしょう。

私たち人間も、動物としてのチームを作ることによって食物連鎖の頂点に君臨しているのです。

楽しく生きる

「楽しく生きるって、軽やかに生きることなんじゃないの」

所ジョージ

日本人は真面目すぎると評されます。生真面目という言葉もあるくらいです。堅い人とは、融通の利かない人のこと。

人生を楽しむことを前提に生きるのではなく、重く考えすぎる人は当然ながら上手くいきません。

物事を深刻に考えすぎる人は、何をやっても楽しめません。腕を組み、眉間に皺を寄せ、考えることは「どうして上手くいかないのか」ということばかり。

重いのです。

もっと軽く。

時代は風の時代です。

重く考えれば考えるほど、行動は鈍くなり、幸動(こうどう)になりません。

行動が鈍い人は人生を思う通りに生きることはできないでしょう。


「人の喜びがわが喜び」、このことを楽しむ人生が最幸(さいこう)です。

そのためにも、物事を軽く考えて、まずやってみること。

一歩を出してみるフットワークの軽さが成幸(せいこう)に繋がる幸動です。そして、上手くいかなかったらやり直す。それを成幸するまで何回も何回も繰り返すのです。

地球は幸動の星。

幸動する人のみが成幸できます。

やってみないかぎり、上手くいくか、いかないかは永遠にわからないのです。

軽やかなフットワークの人は爽やかに映りますよね。


そして、「かるい」の前に「あ」をつけると、「あかるい」になります。軽やかに、明るく、笑顔で努力をする人には、必ず素敵な未来が訪れます。相手の喜びをわが喜びとして幸動すれば、鬼に金棒、成幸間違いなしです。

人生は、重く考えず、軽く考えて生きる。

まず、一歩を踏み出す勇氣を持つ。

そんな生き方が身につくと、「いつも楽しそうだね」「幸せオーラをまとっているね」などと言われるようになります。

自分の周りにある幸せに、改めて氣付き、真の幸せを感じられるようになるのです。

人生チャチャチャ

「どんなに失敗しても、窮地に陥っても、自分にはいつか強い運が向いてくるものだと気楽に構え、前向きに努力した」

高橋是清

私たちの愛い言葉のひとつに、「人生チャチャチャ」があります。これは、「チャンスにチャレンジして人生をチェンジしよう！」という意味の、とても素敵な愛い言葉です。

チャンスは私たちの人生の中でどれくらい訪れるのでしょう？　はたまた、どんなことがチャンスなのでしょう？

なかなかチャンスが来ないと思っている人には、本当になかなか来ないのです。

不平不満や愚痴ばかり言っている人は、チャンスに目が向きません。また、チャンスと思っても二の足を踏んでしまうのです。

自分は「運がいい」と思っている人は、傍から見ると不運と思うような出来事も、チャンスとして捉え、幸運を手にしてしまいます。

チャンスを捉える人は、感謝体質です。そして、チャンスと思えばすぐさまチャレンジします。後回しにしません。

「すぐやる！」のです。

「なんでもやる！！」のです。だから、お天道様が応援してくれます。

「とことんやる！！！」のです。

コツコツやりますからと言ってのんびりなんかせず、コツコツもとことんやるのです。

そしてチャンスを摑む人は必ずと言っていいほど、

「できるまでやる！！！！」人です。

最後まで諦めない。

諦めないだけでなく、打つ手を考えギリギリまで実践し、やり切るのです。

人生をチェンジしようと思ったら、今までと同じでは無理……ということは、みんなわかっているはずです。

習慣を変える。

パターンを変える。

環境を変える。

付き愛(あ)う人を変える。

「変える」のです。

一番は自分の習慣を変えること。

言葉遣い、考え方、表情、時間の使い方、等々……

全ては「自分が源」だからです。

宇宙のスーパーパワーを味方にできる人は、笑顔の素敵な前向きな「ありがとう人間」です。

「人生チャチャチャチャ！」です。

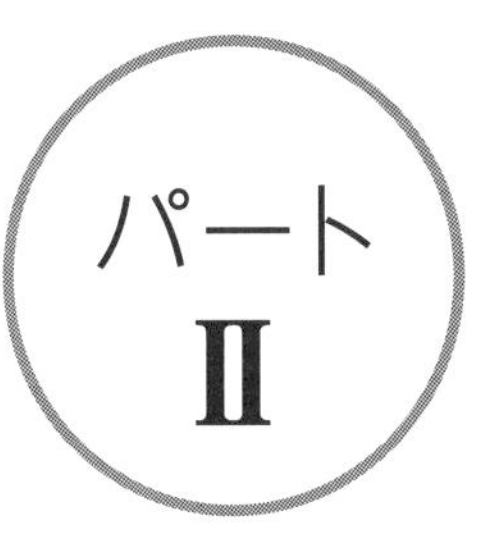

自分を生きる
自分を信じる

自分改革宣言

「人間は恋と革命のために生まれてきたのだ」

太宰治

成幸のために必要な力のひとつに、「捉える力」があります。物事をどんなふうに捉えるかということですが、これには潜在意識が大きく関与しています。

捉え方次第で、物事はいくらでも面白くなります。そう言われたとき、「そうだ、そうだ」と笑顔でうなずける人は、概ねそのような在り方が身についた人でしょう。

面白く生きることは成幸に直結する生き方です。そして、それは自分次第だという事実。

反対に、捉え方ひとつで人生は「面黒く」（江戸時代にはこんな表現もあったとか）

もなるのです。

豊かな人生を送るためには、常に自分の在り方が問われます。その在り方は、物事に対する反応や捉え方でわかります。

そしてその人がどのような捉え方をしているかは、もちろん口から出る言葉でほとんど察することが可能です。

即ち、自分自身の口から出る言葉に注意していれば、自分の捉え方のクセが手に取るようにわかるということです。

面白く捉えるクセを身につければ、自分自身の言葉は常に未来志向のポジティブワードが主体でしょう。

そんな自分になりたかったら、意識することがスタートです。

私たちの脳には不思議な性質があります。それは、放っていると不安や不満にフォーカスし、悲しいことや苦しいことが自分の中で拡大してしまうのです。そしてそれが、潜在意識の中に溜まるという悪循環。

無理、できない、怖い、やばい……、無意識にこんな言葉が口から出てきている人は要注意です。

毎日毎日、そんな言葉を自分に言い聞かせてしまっているのですから。

「自分改革宣言」をしましょう。

もうすぐ月が変わるから、来月から顔晴（がんば）るのではなく、今日宣言するのです。今すぐに宣言してください。

そして、人知れず自分改革を進め、たった一度のこの人生に革命を起こすのです。

人生を面白くするのは自分次第なのですから。

成幸（せいこう）の素

「失敗は問題だ。しかし、成功しようとしないのはもっと問題だ」

セオドア・ルーズベルト

上手くいかなかったときの備えに、多くの人は様々な理由をつけてチャレンジを回避します。

お金が無いから。

信用を失いたくないから。

やったことがないから。

上手くいく氣がしないから。

夫（妻）が反対するから。

……

しかし、ほとんどの場合、本当の理由は失敗したくないのです。潜在意識の中にある「失敗に対する恐れ」がチャレンジを妨げます。失敗を恐れる人は、それ以上の大きな失敗を引き寄せてしまいます。

失敗を恐れる人は、リスクをとることを避ける傾向が強い人。自ずとチャンスを逃してしまいます。

逆に、失敗を恐れず、積極的に幸動（こうどう）する人は、チャンスを摑んで成長する人。チャレンジの度に、より大きな成幸を手にすることができるのです。

リスクをとることは、失敗する可能性があることを承知で動くこと。失敗を恐れて何もしないよりも、挑戦して失敗することが、より良い結果を生むということを、真の成幸者は体験から学んでいます。

失敗することはとても怖いことですが、失敗して得られるものは自分にとって最幸（さいこう）の経験になります。ですから、試しに失敗リストを作ってみてください。

成幸のためには失敗を恐れずチャレンジしつつ、失敗を繰り返さない習慣作りが必要です。

失敗には「再現性」があります。放っておくと、かなりの確率でまた同じような失敗をしてしまいます。なので、リスト化はとても有効です。自分の失敗のパターンが見えてきます。

同じ失敗を二度としないためには、失敗の分析が必要です。成幸者が失敗をしなかった訳ではなく、失敗から学び、同じ轍を踏まないから進歩、成長できたのです。

何事も上達のための努力が必要なのは明白ですが、失敗から「成幸の素」を謙虚に、かつ真摯に学ぶという姿勢が器を大きくするのです。

本来の自分を発見する

「誰かになろうと思っても無理なんです」

ゆりやんレトリィバァ

私は誰なのか?

これは、「生まれてきた意味」と、「この世に生きる存在理由」の両面を含む究極の問いです。

宇宙と一体になる体験のなかで、一枚ずつ薄皮が剝がれるように、自分の正体が浮かび上がってきます。

自分の命を輝かせるために生き、その命が世のためになると思えるのなら、存在理由が明確になる日も近いでしょう。

そのとき、宇宙と自分は一体となります。そして、いよいよ必要な力や眠っていた才能、宝のご縁が人生にもたらされるのです。

その役目（存在理由）が果たせるまで、道に迷うことはありません。自分を発見した後は、導きの人生を歩むのです。

一緒に力を注いでくれる人の中から必ず、自分を頼る人が現れます。その人たちは単なる依存ではなく、しっかりと手を差し伸べ導いてあげることで、「自分」という存在の意味を知るようになるでしょう。

波動が同じだから集まれる。そして、力が何倍にも何十倍にも……いえ、何万倍にもなるくらい重なり愛(あ)えるのです。

「自分」を知り得た人たちは、その力を世の中への貢献に使えるようになるのです。

自分が誰か？

実はその根本は、幼い子を見れば、よくわかります。

これが好き！

あれは嫌い！

あそこに行きたい！

あれが欲しい！

一緒に遊んで……！

まさに、欲求の塊です。もちろん大人になれば、その欲求も姿を変えるのですが、その欲求にこそ「自分」が潜んでいるのです。

幼いときのような純粋で、親密で、無防備な欲求が自分の中にもまだまだあるのです。

素直に、純粋に、誠実に、本氣で生きましょう。

そんな自分を生きることで、本来の自分を発見できます。

時代は「風の時代」、それは真実の時代でもあります。

自分に正直に生きましょう。

全ての責任は自分

「自立心だ。自分自身を頼りにする氣持ちだ。自分以外の物事に必要以上に影響されないことだ」
村上龍

自立した大人の人は、実はそんなにたくさんいません。経済の自立はもとより、精神的に自立していない人は数え切れないほどいるのが現代の現実です。

自立していない状態は「依存」です。誰かに、何かに依存している状態で成幸（せいこう）は望めません。少なくとも、精神的自立を果たしていることが成幸に向かうための大きな条件です。

子どもの頃は生意氣を言ったとしても、ほとんどの人は親に１００％依存しています。生まれたての赤ちゃんは、それこそ依存しなければ生きていけません。しかしそれは、親からの愛を受け取るトレーニングの時期なのです。

幼少期にたくさんの愛を受け取った人ほど、精神的自立が早いといわれます。

大人になっても受け取ることの下手な人は、この時期の訓練が完了していない可能性があります。

これは、逆に人を頼りにすることができず、何でも自分でやらなければ氣が済まないようなタイプになってしまいます。

また、依存時期にしっかり守られなかった体験は、「被害者意識」が強くなるという形でその後に現れます。

基本的に自立とは、「自分のことは自分でやる」ことのできる状態。また、「全ての責任は自分」という在り方です。

この在り方が身についた人は、「みんなで勝つ！」というパートナーシップを元にした生き方が軸になっています。

夫婦でも、ビジネスパートナーでも、互いを尊重し、力関係の上下を作ることなく、事象に応じたリーダーシップの変換ができる関係。

この、相手との関係を学ぶのが、人生において自立に向けての最終トレーニングです。その学びで大きな力をつけた人は、チームという世界観を感じ取れるようになります。


チームのメンバーそれぞれの人生目標にコミットし、メンバーのハートをひとつにして未来を創る意識。自分中心主義からの脱却であり、完全なる「私たち」の始まりです。それは、目に見えるもの、世間の一般常識の範疇では語ることのできない次元です。

そして、それは、愛の力を夢の実現に変えることができる次元です。

捉え方の差

「幸と不幸の差は、その人が人生を楽しく見るか、敵意を抱いて陰気に見つめるかの差である」
メーテルリンク

宇宙には善も悪もありません。あるのは事実のみ。そこに色をつけているのは私たち人間です。
戦争や人殺しを善と位置付ける人はいないと願いたいものですが、戦争がビジネスとして存在し続けている以上、そうした価値観で、善も悪も左右されているのが現実です。

さて、生きていると目の前には様々な出来事が起こるものです。

その一つひとつと関わりながら、「自分の人生」というタイトルの舞台を演じていく私たち。

苦労することも、ままあります。思う通りにことが運び、前途洋洋たる氣持ちに胸が躍るときもあります。

苦労はできればしたくないと思う人が多いはずですが、その一方で、

苦労は買ってでもしろ、

苦労をしなければ一人前ではない、

苦労をしない者は成功しない、

苦労しないと人の氣持ちがわからない、

などといわれます。

苦労していない2代目をボンボン扱いしたり、極楽とんぼなどと揶揄したりする現実もあります。

苦労というと、なんとなくその文字から、苦しいものと受け取りがちですが、果たして本当にそうでしょうか。

宇宙には善も悪も無いと冒頭に書きましたが、それは私たち人間の中で作ってきた価値観のひとつ。ですから、苦労なのか、それは楽しいチャレンジなのかは、その人次第なのです。幸せ、不幸せもまた同じ。

その人の中でどのように捉えるかで、宇宙から見た事実も変わるということです。人生は自分がどのように捉えるかで大きく意味が変わります。そして、未来もまた変わってしまうのです。

「楽しい」「面白い」「ワクワクする」「幸せ」と思って生きているのか、「苦しい」「つまらない」「がっかりする」「不幸」と思って日々を過ごしているのか、この差は最終的には取り返しのつかない差になってしまうことでしょう。

今日は改めて、目の前にある事実を自分自身がどう捉えているのか？　そして、その根拠は？　そんな時間を是非取ってみてください。

大きな成幸（せいこう）を引き寄せるために。

「自分」を生きる

「自分らしく生きることができない人には次なる道は開けない」
福沢諭吉

成幸人生を歩む人と、いつも目の前の壁を突破できない人との差について考えてみたことはありますか？

在り方の違い、魂の輝き、自分の軸、未来を大きく描く……、様々な観点から皆さんにお伝えし続けています。それは、私にとっての「成幸＝自由の獲得」の軌跡だからです。

あるときメンターに、「俺に恩返しを考えることも大切だが、その何万倍も続く仲間たちのために持てる力を使うこと！　それが恩送りだ！」と言われたことがずっと私の幸動基準になっているからです。


成幸のために必要なこと。

それは、「自分」を生きているか否か。

もちろん、自分のことだけ考えて生きるということではありません。

自分の軸を持つことや、魂を輝かせて生きることができていれば「自分」を生きていることになるでしょう。

また、「自分」を生きている状態は、自分自身が心から喜び、納得し、幸せを感じられる状態のことです。どんな出来事にも感謝する心を持ち、「今、ここ」に生きています。

人の目を氣にしたり、他者と比べたり、誰かの言いなりになることもありません。

他人や世の中に心乱されることなく、「自分」を生きる。どんな時代も「自分」を生きることができる人が幸せな人なのです。

そして、その在り方を身につけてこそ、成幸の流れに乗ることができます。

自分の思うままに、心からやりたいことを本氣で実現していく過程のなかで、自分と波動共鳴できる人との出愛い(あ)が待っています。それは、自分を理解してくれる大事な人。

自分の周りの人脈に変化が起きてきたら、「自分」を生きている証です。今まで味方だと思っていた人も、目の前から去っていきます。同じ波動の人たち一人ひとりと深い関係性を築いていくことで、成幸環境の土台がしっかりと築かれます。

あなたは今、「自分」を生きていますか?

信念を持って進む

「自由に歩けるということは、人生を、自信を持って歩いていけるということなのだ」

サルヴァトーレ・フェラガモ

成幸(せいこう)のために必要なことは、未来のビジョンをありありと大きく描くこと。偶然の成幸はありません。

ビジョンを描く力と、そこに進む強い意志が必要なのです。成幸に必要な技術はその次。強い意志さえあれば必ず技術は高まります。

つい私たちは、「できるか、できないか」を考えてしまいますが、大切なことは「やる」と決めること。そして自分の成幸をはっきり描くことなのです。

未来に体験したい世界は、今よりも良い世界のはずです。今より苦しい世界を求めている人はいないですよね。だから、はっきり描くのです。そして、その未来に向かって、信念を持って進むのです。

自信が有るとか無いとか考えることは滑稽です。初めは誰でも素人なのですから。そもそも自信という言葉を履き違えてはいませんか？　自信というのは、自分を信じることです。

自信が無いとは自分を信じられないと言っていること。

自分を信じましょう。そうすれば、信念を持って進むことができます。

多くの人が挫折する原因は、ビジョンを描けず、信念を持って進めないこと。

ビジョンを描くとは、未来を思い出す作業です。未来という「ゴール」をはっきり設定して今を全力で生きるからこそ、命は輝くのです。

私たちの魂は知っています。未来が今より輝いていることを。

だから、思い出すのです。自分の輝く素敵な、そして豊かな未来を。

描いているうちにしっくり来るときがあります。それが思い出した証拠。迷わず前に進みましょう。

本氣で頂上を目指しましょう。一歩ずつ、一歩ずつ……。疲れたら休むことも大切な作戦です。そして、力を蓄えまた前に進むのです。一歩ずつ、一歩ずつ……。

そのうちに、スタート時とは比べ物にならないくらいの力がついたことを実感できるようになることでしょう。

未来は必ず描いた通りになります。

自分を楽しませる

「自分を楽しませることは、あなたの可能性を広げることです」

CHIE

毎日、心底楽しんでますか？

毎日笑顔で生きてますか？

毎日エキサイティングですか？

大変なことも楽しんでしまう人が成幸(せいこう)する人です。

しかし現実問題として、予定通りに仕事が上手くいかなかったり、お店の経営で売上が伸びなかったりすれば、楽しんでもいられない……そんなふうに思ってしまいますよね。

だから鍛えるのです。

だから磨くのです。

スキルとメンタルを。

たとえば珈琲が大好きで、その趣味が高じてお店を出した人が、経営難に陥るといった例は枚挙にいとまがありません。いくら色々な豆を知っていても、味や匂いがしっかり区別できたとしても、上手に挽きたての珈琲を淹れられたとしても、経営ができなくなるお店もあるのです。


何故でしょう。それは、好きなことと経営は別物だからです。

よく好きなことが仕事になったら最高だといいますが、そのためには経営のスキルを磨く必要があります。もちろんコミュニケーション力に代表される人間力も。

そういったスキルやメンタルを鍛えてこそ、仕事は志事(しごと)になり、最幸(さいこう)の人生を歩むことができるのです。

人生を楽しむことはとても意味のあることです。その「楽しみ」は自分の意識の中で如何様にもなる領域です。

何か思いもよらぬ出来事に対して、「自分は不幸だ」と捉えるか、「これをバネにして必ずジャンプアップする」と誓うかは、自分次第で如何様にもなるということです。

そもそも宇宙には「幸せ」も「不幸せ」も無いのですから。

人生で起きる全てのことを「楽しい」と思うのは難しいことかもしれないですが、それでも全ては自分の受け取り方次第なのは事実です。

ならば、楽しむという意思を持つことを選択しましょう。それは、成幸人生を歩むうえでとても大切な在り方。

さあ、今日はどれだけ楽しめるかチャレンジです。

感謝体質になる

「私が見てきた人生の最高の成功者たちは、みな常に朗らかで希望に満ちた人々です」

チャールズ・キングズリー

晴れた日に、近くの川のサイクリングロードを散歩していると……

「おはようございます」

「今日はいいお天気ですね」

などと、知らない人と挨拶を交わすことがあります。氣持ちのいい瞬間です。

そんなシチュエーションを振り返ってみると、そもそも私自身が氣持ち良く陽の光を浴びながら、鳥のさえずりを聴きながら、風の匂いを感じながら歩いているときなのです。

そんな瞬間を、「朗らかなひとときき」と言います。心穏やかで晴れ晴れとしているとき、そんな人を引き寄せ、お互いに氣持ちの良さを増幅することができるのです。

目には見えなくても、私たちの目の前の空間には、エネルギーの波が様々飛び交っています。自分自身が朗らかなエネルギーを発しているときは、共鳴する良い波をキャッチして、運が好転していきます。

それは、好むと好まざるとにかかわらず、宇宙の法則として現実に起こっていること。

その運命の波が成幸に向かって私たちを運んでくれます。

逆に自分が発するエネルギーがマイナスのものだと、残念ながら人生は負のスパイラルの中に引きずり込まれてしまいます。

ですから、常に心の状態を朗らかにチューニングしておくことが大切。

自分の状態をコントロールできる力を身につけましょう。

何より「感謝体質」になることがエネルギーをプラスに転換する触媒です。

そして、常に口角を上げて笑顔で上を向いて生きること。

何より、家族や仲間たちに自分の愛を与えられることへの喜びと感謝の念が大きくなるほどに、成幸に向かう波のパワーが増すのです。

現代は変化のスピードがとても速い。ということは、自分の状態をしっかりプラス波動に調整できていれば、あっという間に大きな成幸の波に乗れるということです。

成幸のビッグウェイブに乗っちゃいましょう。

氣持ちの良い、成幸ロングライドを決めちゃいましょう。

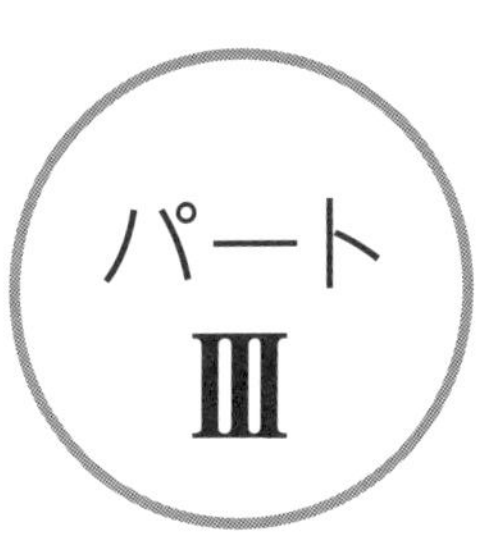

奇跡を呼び込む

ご縁との向き愛（あ）い方

「人生とは出会いである。その招待は二度と繰り返されることはない」

ハンス・カロッサ

私たちの心は、そんなに屈強に出来ていません。

いくつになっても、若かりしときと同じようなことで挫けそうになったり、折れそうになったり。

また、なかなか自分のど真ん中に原因を求めることができません。

嫌なことがあると、すぐに相手や環境のせいにしたくなる……そんなことを繰り返していませんか？

誰かと関わり、何かと接するということは、成幸に向かうための「教材」です。

また別の、夢のある言い方をするなら、この「教材」とは「ご縁」という言葉に置き換えられます。このご縁を素晴らしい「教材」だと感ずるならば、周波数が愛ったということに他なりません。


「教材」＝ご縁・周波数……全ては自分の状態で選ぶことになります。

私たちは、自分がそのとき、その時点で学ぶ必要がある「教材」を選んでいます。職場、パートナー、友人、環境などあらゆるものが、自分が選んだ「教材」です。

それらに対して、不満を言っても、愚痴をこぼしても、全て自分が選んだ「教材」なのです。不満を抱えたまま、「教材」を転々と変えているうちは、成幸に向かう学びはまったく深まりません。

今の「教材」を満点で卒業し、是非次のレベルの「教材」に進みましょう。

今取り組んでいる「教材」の習熟レベルが低いまま、別の「教材」を選んでも、成幸には一向に近づきません。

また、途中放棄して、他の「教材」を選んだつもりでも、結局また同じ「教材」が目の前に現れるだけなのです。

今、目の前にある「教材」は、自分自身が選んだものなのです。しっかり取り組んで、満点で卒業できるようになるまで、向き愛いましょう。

その意味において、ひとつの出愛い（ご縁）という「教材」は、一生向き愛うものではないということ。自分の魂のレベルが上がる度に、「教材」のレベルも上がる。それが成幸に向かう自然な在り方なのです。

今日は自分の選んだ「教材」を点検してみませんか。

人生は出愛(あ)い

「人間は一生のうち、逢うべき人には必ず逢える。しかも一瞬早すぎず、一瞬遅すぎないときに」

森信三

一般的に、人生で何らかの接点を持つ人は3万人ほどだそうです。そのうち、学校、仕事などを通じて近い関係になるのが3千人。親しい会話ができる関係は300人ほどとのこと。

さらに、友だちと呼べる関係はせいぜい30人。

そのなかで、親友と呼べるのがたったの3人。

ですから、皆さんとの出愛いは、奇跡的なのです。

世界の人口は間もなく80億人を突破します。その80億分の1のあなたと、私が出愛う確率はたったの０・０００４％です。氣の遠くなる数字です。

その奇跡的な出愛いが、森信三の名言のように、絶妙なタイミングで目の前に現れます。

まさに出愛うべくして出愛うという不思議な宇宙の計らいです。

そんな天文学的確率なのに、いがみ合いや足の引っ張り合い、裏切り、嫉妬、陰口……。それでは、一体何のために出会ったのか。

「出会い」を「出愛い」に変えたいものです。

奇跡の「出会い」を「出愛い」に変える魔法のアイテム……、それは笑顔です。

人生は「出愛い」で決まります。出愛った人に喜んでもらえることを、信条に生きる。それは、人生の質を上げることに他なりません。だから、「笑顔」で生きましょう。

人は笑い方でわかるものです。知らない人に初めて会って、その笑顔が氣持ち良かったら、最幸（さいこう）の時間の始まりです。きっとその方は、いい人間と思って差し支えないでしょう。

一人のメンターとの出愛いが、私を大きく豊かな人生に導きました。

奇跡的な出愛いとしか言い表せないその瞬間は、一体誰がプログラムしているのでしょうか?

皆さんには奇跡的だと意識できる「出愛い」はありますか?

きっとあることでしょう。

これから先の人生にもきっと奇跡の出愛いは待っています。

だから、笑顔で周りと接してみましょう。

実は今まで氣がつかなかった素敵な出愛いは、もう目の前にあるのかもしれません。

神様のご贔屓

「神様にひいきされるためには、神様が喜ぶような生き方をすること」

斎藤一人

八百万の神様が喜ぶのは、「毎日楽しそうに生きている人」を見ることです。

天岩戸に隠れてしまったアマテラスが外に出たきっかけも、アメノウズメノミコトが面白く舞い踊ったので、大勢の神々は声を出して喜んだことがきっかけ。

その様子でアマテラスは岩屋戸を少し開けて外を見ようとしたとき、アメノタチカラオノミコトが岩の戸を押し開き、アマテラスを外に出すことができたのです。

そして、高天原は元のように明るくなった。

私たちの人生も同じです。

毎日、喜んで、楽しんで、日常に感謝している人は神様にご贔屓にされること間違いなし（私も神様にとてもご贔屓にされてきました）。

反対に、不平不満や愚痴、泣き言、悪口、文句、そして不安や恐れなどの負の感情を持っている人を神様も見たくはないから遠ざかる。それでは、成幸（せいこう）は程遠い人生になってしまいます。

私たち親や大人が「子どものときも面白いけど、大人になるともっと面白くて楽しいよ。大人はいいぞ！」と言えたら魅力的です。そんな大人になりたいと思いませんか？　そんな大人が最幸（さいこう）だと思いませんか？

親や大人が、不平不満や、愚痴、泣き言ばかり言っていたら、「大人になりたくない」と子どもは思うことでしょう。これは、親だけでなく、全てのリーダーや教師、上司に言えることです。

たとえば、数学の先生が教室でいつも不機嫌で、つまらなそうに教えていたら、誰も数学を好きにならないでしょう。

逆に、数学が好きで好きでたまらないという先生が、いつも機嫌よく、楽しくて楽しくてたまらないというオーラを出して数学を教えていたら、数学を好きになる生徒は間違いなく多くなるはずです。
そういう先生は、たいてい授業が脱線ばかりしていますよね。楽しいから、好きだから、それを伝えたくて仕方ないからです。

毎日楽しんでますか。
今日も笑顔で楽しみましょうね。
神様にご贔屓にされるように。

幸動（こうどう）すれば「やる氣」は付いてくる

「有能な者は行動するが、無能な者は講釈ばかりする」

ジョージ・バーナード・ショー

「やる氣が先か、幸動（こうどう）が先か」という「ニワトリと卵」のような話があります。

「やる氣が無いから動けない」と誰もが思うことでしょう。もちろん、やる氣があればどんどん幸動できるでしょう。

しかし、やる氣がイマイチでも動いてみることが、「氣」を高めるコツなのです。

とくに営業に携わる人は試してみてください。人に愛（あ）いに外に出てみるのです。

それは、脳科学の見地からも理にかなったことなのです。

「脳は先行した言葉や動きに対して、合理的に現実を作り出そうとする」のです。

たとえば、先に「ありがとう」と感謝の言葉を口にすると、脳は「ありがとう」に当たる出来事を探し始めます。

つまらないからと仏頂面をしていると、脳はつまらないことをますます探し始めます。

つまらないことがあっても、深呼吸をして、敢えて笑顔を作ると、脳は楽しいと勘違いし、ますます楽しくなるように脳内ホルモンの分泌が進むのです。

即ち、楽しいから笑うのは当たり前で、笑うから楽しくなるということです。


「やる氣」も同じこと。

幸動することで、やる氣が内側から出てくるのです。

何だかイマイチやる氣が出ないときこそ、歩くスピードを少し上げて、早歩きをしてみてください。

胸を張って、上を向いて。

そして、笑顔で。

不思議とやる氣になってきます。

人間って不思議ですね。

成幸(せいこう)のためには、幸動が先なのです。四の五の言ってないで幸動するのです。「やる氣」は後から付いてきますから。

そもそも脳科学的には「やる氣」という概念は無いとのこと。脳科学者は口を揃えて言います。「面倒なときほどあれこれ考えずに、さっさと始めてしまえばいいんです」と。

脳を研究し尽くした科学者がたどり着いたことは、動けば脳は活性化するということ。

幸動の司令塔である脳にスイッチを入れるのは、幸動だったのです。

ますます直感力が必要になる

「もっとも大切なのは、自分の心と直感に従う勇氣を持つことです。自分の本当になりたい姿を知っているのは、自分の心と直感なのだから」

スティーブ・ジョブズ

「直感力」、これは成幸(せいこう)している人の多くが持ち合わせている力のひとつです。

予測もできないような困難を回避したり、逆境を乗り切ったりするために必要な力です。

理詰めの幸動(こうどう)が大切なときももちろんありますが、伸(の)るか反(そ)るかの決断は「直感」以外の何物でもありません。

この力は、体験の中で培われます。ですから、現場を数多く体験することが大切。「何か変だ」「違和感がある」「何故かスムーズにいかない」「どこか引っかかる」「ワクワクしない」といった直感が働いたときは、もう一度検討すべきサインです。

今後はますます、この「直感力」が必要になるでしょう。

ＡＩが様々な分野でかなり台頭してきましたが、まだまだ「直感力」は持ち得ません。コンピュータやロボット、即ちＡＩに取って代わられることが嫌ならば、「直感力」を鍛えることが重要です。失敗を恐れず、場数を踏み、「直観力」を身につけるのです。

「直感力」は、脳科学的には、脳が過去にインプットしてきた経験や学習のデータベースから無意識に答えを引き出してくる超高速の脳の意思決定プロセスと定義できます。

直感で思っていることは、かなり精度の高い脳の判断なのです。

また、スピリチュアル的には、宇宙の意思のアドバイスです。それは、場数を多く踏んだ人に送る導きの光で、未来の掲示でもあるのです。

即ち、ハッキリと未来を描いている人、そしてそこに向かってこまめに努力を積み重ねている人にのみ起こり得る体験です。


幸動無くして直感無し！

これが大原則です。

ピンと来たら動いてみること。

そして、その方向にしっかり舵を切り、全力で前進する覚悟を持つこと。

中途半端では、直感は未来へ導くパワーを失い、迷いが深まることになってしまいます。

さあ、今日はどんな直感と出愛えることか、ワクワクしますね。

一瞬の踏ん張りが心の力をつける

「悩んでも悩まない、そういうように感じることができれば、人生は決して心配することはない」
松下幸之助

「あいつ開き直ったみたいだ」という表現は、決してポジティブなものではありませんが、「窮鼠猫を噛む」的な、もしくは「火事場の馬鹿力」、「背水の陣」のような、腹を括り、覚悟が決まった様子でもあります。

几帳面でまじめな日本人の多くが抱える欠点に、「悩みすぎる」というものがあります。

人からの評価が氣になる。

他人と自分を比べてしまう。

色々と氣を回して迷った挙句決められない。

完全主義で、「こうでなければいけない」「こうするべき」と自分を追いこむ。

自分を責める。

……

悩んで解決するのなら大いに悩めばよし。しかし、それは無理というものです。

悩むのなら、「動き直してみる」ことが大切。

クヨクヨ地獄のメソメソ大魔王になっていては、成幸（せいこう）はどんどん遠ざかります。挙句の果てには、NK細胞まで不活化し、病氣になってしまうのでは何のための人生か
……


そこで大切なことが「開き直り」です。クヨクヨ地獄のメソメソ大魔王になってしまう前に、開き直って目線を目の前から未来に向け直すのです。

その一瞬の踏ん張りが心の力をつけるポイントです。

嫌なことは忘れるのです。

夜にグダグダ考えていては、細胞の老化が著しく進みます。

上手に開き直って、翌朝朝日を浴びて、スキップをしながら、笑顔でクヨクヨしてみてください。バカバカしくなって、しっかり開き直って未来を見つめることができるから。

そして、「私は心の力が1段上がった」と自分を認め、励まし、笑顔で一日を始めるのです。

さあ、今日からそんな自分になれるようチャレンジです。

神様（宇宙）を動かす

「謙虚とは堂々として過信しないことだ。それは断じて卑屈であることではない」

中岡慎太郎

年初に神様（宇宙）に何か願い事はしましたか？

それは、どれほど叶っていますか？

そもそも神様（宇宙）はお願いしているだけでは、その思いを叶えてくれません。より具体的にオーダーすることが大切なのです。しかも神様は、その願いを叶えるための日々の私たちの姿をしっかり見ています。

人生が思い通りにいかず、「辛いので何とかしてください」と言っていても、神様は何も聞いてくれません。「面白がること」「楽しむこと」「幸せに過ごすこと」を忘れているからです。

神様（宇宙）を動かすために有効な手段は、具体的にオーダーし、その過程を楽しむ姿を見せることです。喜ぶ姿を見せることです。

たとえ苦しいことが続いても諦めず、常に前を向いて、未来志向で生きている、勇氣溢れる姿を見せることなのです。

「愚痴や文句」「不平不満」「悪口」「泣きごと」を言っていると、神様（宇宙）から私たちの姿は見えなくなってしまうのです。

神様（宇宙）は縋るものではありません。神様（宇宙）の大いなる意思と、私たち一人ひとりの意思は「愛」と「感謝」でつながっています。

ときに霧がかかったようになって、神様（宇宙）から私たちが見えなくなってしまうのは、もちろん私たちの方に原因があるという訳です。

その昔、私たちの祖先ホモ・サピエンスが世に現れた頃は、今の私たちよりはるかに自然と一体であり、宇宙の法則に則って生きていたのです。

ところが知恵が発達した私たちは、何でも自分でできると大きな勘違いをしています。

私たちは地球の中では、宇宙の中では、ほんのちっぽけな生き物。不遜になってはいけません。尊大になってはいけません。

謙虚に、そして常に自然の一部だということを肝に銘じて、地球への、宇宙への感謝を念頭に未来を創るのです。それが大きな成幸(せいこう)を手にする秘訣です。

意識と無意識を「律する」

「人は自我と自律の狭間でもがいて自己の内部で折り合う」

志茂田景樹

現実という目の前の出来事は、自分自身の「鏡」です。その「鏡」を観て、「わが身」へ返すという意識がある人は未来が開けます。

それは、目の前の「事象」を正すという観点を手離すことでもあります。

自分自身が価値基準になりがちですが、それでは「宇宙の法則＝成幸（せいこう）の法則」は味方しません。

その状態を手放すまでは、成幸はまだまだ遠くの景色なのです。

宇宙の法則は「放った全てが還る」世界。

ですから、目の前の現実を裁くということは、自分自身を裁くということに他なりません。

宇宙は、「私が創ってきた全て」「私が放ってきた全て」を、「現実という世界」にマルっと返します。

目の前の世界に対する「不平不満」「怒り」「悲しみ」「寂しさ」など様々に投影する感情や周波数は、全て自分に何かの形で帰って来てしまいます。

それを裁いたところで、現実は深みにはまるだけ。

まずは、自分自身の意識と無意識の統合を図ること。

私たちは、意識と無意識の二元構造である自我の場の「否定側（裏・盲目）」に要らぬものを押し込めたつもりになって、実は後生大事にタンスの肥やしのごとくしまい込んでいるのです。

成幸を手にするためには、頭では「人の悪口はいけない」と思いながら、「心の中で相手を否定している」という二元構造にメスを入れる必要があります。

「否定」に強烈にフォーカスすれば、それが具現化するのは当然です。

宇宙に「人間語」は一切通じません。宇宙と一体になるためには、自分の意識の振動数を変える以外ないのです。

そのために意識と無意識の統合が不可欠。無意識を味方につける生き方を学びましょう。

否定のエネルギーは強大です。一度無意識の中に巣食うと、なかなか追い出すことができません。

ネガティブを「封印」するのではなく、意識と無意識を「律する」のです。

「封印」は一方と共存する在り方。

「律する」は全てと共存する在り方。

意識と無意識が「律動」するよう、ブレない体験に生きる選択をしましょう。

ツイてる人間になる

「人生何と言っても、ツイてるのが一番」

斎藤一人

ツキがある人、運に恵まれている人と、そうでない人の差は一体どこにあるのでしょうか？

答えは単純明快。常に「自分はツイている」と思っている人にツキや運があるのです。

「私はツイている」と思うことを習慣にしてしまうといいということ。

逆に「自分はツイていない」と思ったり、他人の幸運をうらやむことが常態化したりすると、ツキに見放されてしまいます。

余談ですが、「うらやむ」というのは和語で「心病(うらや)む」と書きます。この字からしても、ツキが無くなるのはおわかりでしょう。

さて、「ツイている」と思ったとき、脳は「快」状態になり、プラス思考が働き、「快」を増幅しようとします。

もともと脳は、自分の好む分野の新しいことや楽しいことに対しては、しっかりその情報を取り込む必要があるため、「快」状態になり、どんどん意欲的になります。

たとえば、ジェットコースターが大好きな人が、初めてディズニーランドでスペース・マウンテンに乗ったときに得られる「快」状態は、もっともっと乗りたいという欲求に変わります。

逆に、好きでもないことに取り組み、さらに嫌なことがあって「ツイていない」となれば、脳は「不快」状態になります。マイナス思考が増幅され、物事を悪い方へ悪い方へと考えるように脳は働きます。

このマイナス思考こそが、ツキや運に見放される最大の原因です。そして、どんどん負のスパイラルに陥っていくのです。

「ツイている」と思っている人は、明るくて機嫌がいい。

逆に、「ツイていない」と思っている人は、暗くて機嫌が悪い。機嫌が悪いから、怒りっぽくもなります。

そうそう、認知症が進行すると怒りっぽくなるそうです。それも、脳の不快状態に起因するもの。

いつも寛大でご機嫌の「ツイてる」人間になりましょう。

みんなでツキツキの人生を送れるよう、今日も笑顔で張り切って参りましょう。

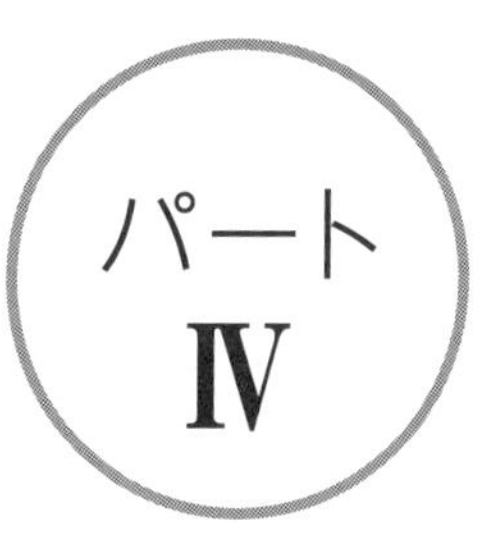

自分の在り方を確かめる

新しい習慣を確立する

「あなたの成功と幸福は、自制心と意志力に大きく左右される」

マーク・レクラウ

皆さんが、今本氣で取り組んでいることは何ですか？

それは、いつから取り組んでいることですか？

時代の変化は、猛スピードです。

過去の方法が通じるかどうかの検証は済んでいますか？

検証もしないまま、10年前、20年前と同じことを繰り返して、違う結果を得ようとするのは虫のいい話です。

たった一度のこの人生で、過去とは違う結果を得たいなら、新しい習慣を確立することが肝要です。

しかし、習慣を変えるのは、なかなか至難の業です。身についた癖は、換気扇のフードにこびりついた油汚れのように、なかなか落とせません。

習慣の打破には、「自制心」が必要になります。

「自制心」とは、自分の感情や欲望などをコントロールする精神力のこと。自分の感情や欲望のままに、身につけた習慣に流されないようにする、ブレーキにあたるもの。

自制心がない人は……

継続力がありません。

時間を守れません。

すぐに怒ります。

浪費傾向があります。

ギリギリにならないとやりません。

お酒に飲まれてしまいます。

嗜好品をやめられません。

……

自制心を身につけるためには、この反対の習慣を獲得するということです。そして、大事なことは、まずできるところから始めること、幸動(こうどう)を起こすことです。

たとえば、自分との約束を守るための「仕組みをつくる」こと。

「仕組みをつくる」ことは、とても重要で、できればゲーム的にやらざるを得ないように自分に仕掛けるのです。

忘れ物をしないという習慣をつけるには、次の日に持っていくもの、忘れてはいけないものを、翌朝履く靴の上に置いておくというような「仕組み」を作るのです。

このように、何か新しいことを始めなければ、違う結果は得られません。

さぁ、新たな習慣作りにチャレンジです。

自分の感情との付き愛い方

「人間は行動を約束することはできるが、感情は約束できない。思うに、感情は気まぐれだからである」
ニーチェ

さて、今回のメッセージの題は、成幸のためには必ずクリアしたい「自分の感情との付き愛い方」です。

味わいたくない感情は、色々ありますよね。

たとえば、悲しみ、不安、孤独感、がっかりするとか残念な氣持ち、焦りなど……

これらの感情が湧いてきたときに、その感情を受け入れ、しっかり感じて味わうことができると、感情は次第に和らいでいきます。

感情は十分に感じて味わうと、次第に解放され、和らいでいくのです。

ただし、怒りのような第二感情は、そのまま味わうのではなく、その背後にある第一感情を見つけてそれを感じて味わうと、怒りの感情も和らぎます。

何故「怒り」が第二感情かということを、上司から頭ごなしに怒鳴られたことを例に説明します。

「うるさいなぁ、頭ごなしに怒るな！」という怒りの感情が湧き上がる前に、「オレのどこがいけないのか？」という戸惑い、不安、失望。「みんなの見てる前で……」という恥ずかしさ、みじめさ。「オレを低く評価しているのか」という恐れ、悲しみ、心配。「しまった！」という罪悪感。こうした感情が先に起きているのです。

生きていると、感じるにはあまりにも苦しい感情や感じると呑み込まれてしまいそうな強い感情が湧き上がることもあります。

そのような感情を無理に解放しようとすることは、おすすめできません。

心のバランスが崩れて情緒不安定になったり、心がダメージを受ける場合があるからです。

トラウマ的な出来事により記憶に残るような強い感情や、長年に渡るストレスにともなう強い感情を安全に扱うには、その感情に圧倒されないだけの強さを持った柔軟かつ丈夫な「心の器」が必要です。

成幸するためには、テクニックだけを求めるのではなく、自分自身の「心の器」を、強く大きく育てることが不可欠なのです。

天使が喜ぶ選択

「AかBか、一つ選択するごとに、あなたの運命は変わっていく」

タル・ベン・シャハー

私たちは一日に、何と3万5千回も選択しているとのこと。

もちろん、そのほとんどは無意識でしています。

その選択の積み重ねが「今」を作ってきたわけですが、無意識の選択に任せて「未来」を創っていくには、少々不安がありませんか?

もう一度、しっかり自分の意識で様々な選択をするクセをつけましょう。

「天使の選択」という表現があります。それは、その選択をすると天使が喜ぶような選択。

「うれしい」「たのしい」「感謝してます」「しあわせ」「ありがとう」を伝え、「笑顔」「上機嫌」の人は、そんな選択をした人です。

反対に、「悪魔の選択」とは、その選択をすることで、悪魔が喜ぶような選択のことです。

「ついてない」「不平不満」「グチ・泣き言」「悪口・文句」ばかりを言い、「怒鳴る」「怒る」「仏頂面」「不機嫌」の人は、そんな選択をした証拠。

天使が味方になる人生と、悪魔が友達になる人生……どちらを選択しますか？　ということです。


答えはわかりきっているはずなのに、何故私たちは、ときに愚かな選択をしてしまうのでしょうか。

選択の基準を「自分自身がワクワクする」に置くと、明るい未来が拓けます。ワクワクするということは魂が喜んでいる証拠だからです。

遠足の前の日。デートの直前。とても観たかった映画のチケットを買うその瞬間。どれもワクワクする体験です。これらは、これから起こる未来を予想できているからです。

「楽しい期待」をしっかり持てているから、魂が喜んでいるのです。

これ以上に次元の高い魂の喜びが、「相手の喜び」でワクワクできることです。
世のため、人のために幸動する喜びを覚えたら、魂の、レベルが上がった証拠。
人の心が明るくなるような素敵な言葉を使い、笑顔で機嫌よく……天使が喜ぶ選択をしたいものです。

「正しい問い」を持つ

「問いを持った部族は生き残ったが、答えを持った部族は滅びた」

ネイティブ・アメリカンの諺

私の人生においても、この名言を意識深くに留め、幸動してきました。とくに40代以降は、何かにチャレンジするうえで、常に意識してきました。

成幸に向かううえで重要なことは、決して正しい答えを見つけることではありません。

答えを探すのではなく、「正しい問い」を探すことがとても重要なのです。

もし、間違った問いに対して懸命に答えを探し、何かにたどり着いたとしても、それは本来進むべき道から確実に外れていることでしょう。

間違った問いに対する正しい答えほど、危険なものはありません。それは、成幸にはまったくつながらないものだからです。

具体的には、たとえば何かのプロジェクトにおいて……

［問い］どうしたらチーム内の人間関係を良くできるか？

［答え］人と人の相性を重視する。

これは、間違った問いに対する、正しい答えです。

正しい問いは、プロジェクトが成果をあげるにはどうしたらいいか？　です。

人生において成幸するには、まず答えを探そうとする姿勢から脱却することが大切です。そして、「正しい問い」を持てる視点を強化することが必要なのです。

私たちの多くは、指示待ち状態です。指示されたことを卒なくこなすことに懸命に取り組み、評価されたりされなかったり……そして、それに一喜一憂してしまう。

もし今、そんな状態で仕事に取り組んでいるとしたら、まずその指示の意図を感じ取ろうとしてみてください。

自分の作業の先には何が見えてくるのか。

何に向かって進む仕事なのか。

その仕事が上手くいくように、きっちりと進むように、たとえば納期より前に納められるように、など、直近の小さなゴールに達するための「正しい問い」を設定するのです。

そして、その問いに対する「正しい答え」を見つける努力をする。

その繰り返しが、成幸への王道です。

王道から逸れた道を懸命に進むことほど、愚かなことはありませんから。

「今、ここ、私」

「人生二度なし」

森信三

この人生は一度きりであること。誰もがその通りと思っているはずです。

それなのに……それなのに……

何故、私たちは怠けてしまうのでしょう。

何故、サボったり、手を抜いたりしてしまうのでしょう。

未来は自分が創るものだと氣付いている人がほとんどなのに、どうして真剣に未来創造に着手しないのでしょう。

描いた通りになることを、どうしてどこかで疑う自分がいるのでしょう。

まずは「今」をしっかり意識してみましょう。

そして、今いる場所をしっかり大切にするのです。

自分自身が何を思い、どこに向かって生きていこうとしているのかを、確認しながら生きるのです。


禅でいう「今、ここ、私」です。「今」を楽しんで、「今」を大切にし、その有り難さを噛み締め、「今」この瞬間を喜びで満たすのです。

いずれそれが自分の大切な「在り方」となり、最幸（さいこう）の人生を歩めるようになります。

「世の中はここよりほかはなかりけり、よそにはゆかれず、わきにゃおられず」

という禅の言葉もあります。

「ここよりほかは」という件（くだり）は、「今」より他は無いということです。

そして、過去に戻れるはずがなく、明日という一日も、まだ来ぬ未来だという意味です。

私たちは「今」を本氣で、計画的に、誠実に、そして楽しんで生きるからこそ、望む未来を創造できるのです。

「今」を蔑（ないがし）ろにしている人に、輝く未来はありません。

私からのこのメッセージを皆さんはどの程度受け止められますか？
１００％？　70％？　50％？
それとも……

本氣で成幸（せいこう）すると誓っている人は、他のメッセージとともに、このメッセージを暫くの間、毎日読み続けてみてください。
すると、いずれ自然と、「今」を生きいきと、そして鮮やかに生きている自分に出愛（あ）えますから。

「自燃性の人」と時間を共有

「物事を成そうとするには、自ら燃える者でなければなりません」

稲盛和夫

何でもとにかくやってみなければ氣が済まないタイプの人。

そんな人は、「やるか、やらないか」ではなく、常に「やるか、やるか」でチャレンジをしてきた人でしょう。

そのタイプは、明らかに「自燃性」です。

そんな「自燃性の人」は世の中に1割もいません。

ほとんどの人が、他者からエネルギーを受けることでやる氣にスイッチが入る「他燃性」です。「やる氣スイッチ」が話題になるのは、「他燃性」の人のそのスイッチを探すことが組織としての成幸（せいこう）に大いに関係するからです。

稀に、何をしても火が着かない「不燃性」の人もいますが、そのタイプの話はここでは置いておきましょう。

皆さんは、自分はどのタイプだと思いますか？

多くの「他燃性」の人が成幸人生を歩むために必要なこと。

それは、まず身近な人で「自燃性」の人を探すこと。

そして、その「自燃性」の人とできるかぎり多くの時間を共有すること。

リアルに会うだけでなく、ＳＮＳでやり取りしたりすることも、とても刺激的な体験になります。

続いて、「本当はどうなりたいのか」、「本当は何がしたいのか」このことをまずは１週間毎朝考えてみること。

漠然とした方向性でも毎日考え続けることで、見えてくるものがあります。そして、それが自分自身の夢や目標として、ハッキリと意識できるようになります。

「他燃性」の人は、その辺を曖昧に生きている人がほとんどなのです。
何事も「明確にする」クセを身につけたいものです。

もし打ち込めるものが見当たらないとしたら、漫然と待っていても魂を揺り動かすようなものとは、なかなか出愛えないことでしょう。絶えず、本やテープなどで情熱に火を着けるように自分を仕向けたり、自ら動いて自燃性の人のお話を聞いたり、輪に加わったり、「熱の高い環境」に身を置いたりすることは、自分自身の次元上昇のためにも意味のある幸動です。

目指せ！「自燃性」!!

幸動がやる氣のカギ

「難しいからやる気が出ないのではない。やる気がないから難しいのだ」

セネカ

毎日やる氣が漲っていますか？

今月も本氣で走り抜けましたか？

やる氣があるとは、自らの内なる熱意や情熱が湧き上がってくる状態です。

それは最幸の状態と言えますが、そこまではなかなか自分をコントロールできないものです。


今までの人生の中で、やる氣が漲っているときはどれくらいありましたか？

逆にやる氣が湧いてこないときはどうしましたか？
実はやる氣が湧かないときは、幸動することがとても大切なのです。
やる氣がないからと引きこもっていないで、動くのです。
幸動がやる氣のカギだということです。
極端な言い方をするなら、幸動しないかぎり、やる氣は湧かないのです。

私たちの脳は矛盾する事柄にはストレスを感じるようにできています。
ですから、やる氣がないときは動かない。そこに矛盾はありませんから、脳はストレスを受けません。

それを逆手に取り、やる氣がイマイチであっても一歩踏み出してみるのです。すると、脳は矛盾（やる氣が無いのに動くこと）を感じるので、「この幸動は楽しい」と言い聞かせながら幸動し続けてみてください。

あら不思議。私たちの脳はストレスがかからないように、その幸動が楽しいという方向に、動くことに意味がある方向にアジャストするのです。すなわち、徐々にやる氣が湧いてきてしまうのです。

幸動することで成果も出てきますから、喜びがやる氣をらさらに押し上げます。モチベーションも高まり、成幸（せいこう）に向かうプラスのスパイラルに乗れるという訳です。

さらに、幸動を続けることで、周りの人々からのサポートや協力が得られるようになり、さらなる喜びを得られます。その報酬により、脳はやる氣を出すシグナルをONにし続けるという訳です。

私たちを支配している脳を、しっかり逆に支配してしまいましょう。これは、成幸のために、是非身につけたいスキルのひとつです。

幸せになる道は「光の道」

「人間はだれでも、創造的な利他主義という光の道を歩むのか、それとも破壊的な利己主義という闇の道を歩むのか決断しなければならない」

キング牧師

人生は「選択」の連続です。小さなことから大きなことまで、何かをするということは常に選択をしていることに他なりません。

無意識であろうと意識的であろうと、選択し決断することで、私たちの一連の動きが生まれているのは事実です。

一日の選択、決断の上限は3万5千回とのこと。それは、ケンブリッジ大学の研究の結果です。

人生はその選択の都度、「正解」を選んでいけば、もちろん失敗することはありません。

しかし、無意識で選択しているだけだと、それは過去に縛られたオートマチックリアクションに過ぎないのです。

自分のパターンを知りましょう。

自分の過去の体験から生まれる、選択、決断のクセを知りましょう。

といっても、自分のことはなかなかわからないものです。だから、「上手くいかない方」を選択してしまうのです。その道が「正しい道」だと勘違いし、選んでしまうのです。

幸せになる道は「光の道」です。

「光の道」を歩むことで、周りの人も幸せになります。

その「光の道」を真っすぐ行けば、もちろん自分も成幸（せいこう）するのですが……幻想が見えてしまうことがあるのです。

その幻想の原因は、無意識の中にある、私利私欲、邪氣、妬み、嫉みなどです。傍（はた）

から見れば間違っているのは明らかであっても、正解だと思ってしまうのです。

本来目の前にある道は「成幸」につながった道です。そして、その道は明るく光り輝いているので間違えようが無いはずなのです。それなのに別の道を選択し、無駄な努力をしてしまう。

挙句の果てに「私には向いていない」と諦めて、また別の道を探すといったロスを繰り返す徒労の人生では、明らかに命の無駄遣いです。

「光の道」には、よく見るとその道をしっかり先導してくれる「道先案内人」がいるのですが、氣付きませんでしたか？

目を凝らして良く見てみてください。

きっと見つかりますから。

リーダーの「人となり＝在り方」で決まる

「将たる者は右手に七分の合理性、左手に三分の人間味を持て」

井原隆一

チームのために、「こうすることが最善」という判断や決断が、リーダーの役割の最たるものです。

私情を入れることなく、ときに厳しい眼で現状を分析する、そして英断をする。

そのとき、周りにどう思われるかなどといった思いが頭を過（よ）ぎれば、おそらく、そのプロジェクトの未来は拓けないでしょう。

自分を律する力

現状分析力

未来の洞察力
数字に対する見識
人一倍の陰なる努力
メンバーの成長のための環境創出力
感謝の風土づくり

挙げればキリがありませんが、結果を残すリーダーにはこのような力が必要でしょう。

一人ひとりの可能性は無限大ですが、一人でできることには限界があることを知り、如何にチームの力を引き出すか。

そのためにはメンバーそれぞれの特性を知り、見極め、その力を磨き愛う環境を創ること。そして、「みんなで勝つ!」というチーム文化の醸成は欠かせません。

目立ったスタープレイヤーが一人いるより、本氣な凡人が次から次へと育っていく環境が成幸を大きく育てます。

私たちの生きる3次元の世界では、目標設定をし、それを達成するための計画立案力はリーダーの条件の一つでしょう。

まずはチームの目的（幸動の方向性）を定め、その目的に対して、適切な目標を設定し、達成に向けたプランニングをすること。

これは、左脳が大きく関与する部分です。

並行して、右脳が未来を大きく描き、喜びや楽しみをしっかり幸動の中に盛り込みながら活動することができると、バランスのとれたチームになります。たとえば小学生の頃、クラスの担任の先生が変わればクラスの雰囲氣がガラリと変わったように、リーダーの「人となり＝在り方」がチームのカラーを決めます。

メンバーを信じ切る信念こそが、チームが大きな成幸をもたらすための大切な在り方なのです。

成幸環境

「出ない杭はそのうち腐る。出る杭は伸ばす」

佐治敬三

日本人は「事なかれ主義」といわれます。

自分一人が目立ってしまえば潰されると、無意識に思って動いている人が多いのです。

他人の目が氣になる証拠でもあります。

実際に、若いものが頭角を表せば、その頭を叩こうとする世界は、政治の世界や古い体質の企業など、いまだ多くの場で見られる現実です。

妬(ねた)み、嫉(そね)み、そんなものが成幸を阻害します。

たとえば、下記のようなことに思い当たることがあったら要注意。
▽他の人が成幸するために何かにチャレンジしようとすると、成幸するわけがないと引き留める。
▽個性だと言いつつも、流行からはみださないよう、乗り遅れないように生きている。
▽他の人に嫌われないように八方美人になっている。
▽他の人が自分より勉強や仕事ができると、なんとなく疎遠にしている。
▽会議で自分の意見を言うことなく、他の人の意見に迎合している。
▽身近な人の立身出世をうらやましく思い、妬みの心を持っている。
ある意味日本は、「平均」主義のお国柄なので、他者との違いを否定する文化、みなが同じような状況を良しとする文化があるのでしょう。

しかし、どんな世界どんな分野にも優れた人は存在します。そこに学び、多くの人のレベルが上がることで、様々な偉業が成し遂げられるはず。

「出る杭は打たれるが、出すぎた杭は打たれない」

有名な言葉ですが、元々は松下幸之助翁の言葉だそうです。

今回の名言の主、サントリーの元会長佐治敬三氏も同様ですが、何かに傑出した人は、目の前の現実を俯瞰し、人の本質に迫る境地に至っているのです。

それは、現場を通じて信念を育て、魂を磨いた結果です。

一人ひとりの個性を尊重し、潜在的な能力を引き出せるような環境をみなの総意で創る。

それこそ、最幸(さいこう)の成幸環境です。

知覚動考

「やってみなはれ。やらなわからしまへんで」

鳥井信治郎

成幸の法則のひとつである「知覚動考」。知って、覚えて、動きながら考えるという、禅の教えでもあります。

この四字熟語を「ともかくうごこう」と読み、幸動無くして良い結果を得ることはできないということを先達たちは伝えてきているのです。

とかく私たちは考えすぎる傾向が強い。しかし、実は考えているだけで解決する問題など皆無です。問題や課題を解決するには幸動するしかありません。

考えることは幸動にブレーキをかけること。

考えるから幸動しない、幸動できない。

それは、「幸動渋滞」と言ってもいい状態です。幸動しなければ何も得られないのです。


世の中には、薄っぺらい知識だけをたくさん学んでいる「ノウハウコレクター」という輩（やから）がいます。「ノウハウコレクター」は蓄えた知識を振りかざし、評論家氣取りです。凝り固まった考えになりがちで、斜めに構えて人の話を信じようとしません。

そんな人になってはいけません。

目指すは「幸動の人」

動くことにより見えてくるものが多々あります。

「行ずれば証はそのうちにあり。行ぜずして証は得ることなし」という禅の教えもあります。それは、自分自身で動いてみなければ何もわからない（証は得ることなし）ということなのです。


そして幸動するということは、勇氣の起爆剤でもあります。

勇氣が足りないから幸動できないと思っている人がほとんどですが、一歩踏み出すことにより、勇氣に着火するのです。

一度着火してしまえば、あとは爆発を待つばかり。


わかっちゃいるけど……これが大半の人の現実です。

たった一度のこの人生。

どんな生き方が誇らしい生き方ですか？

失敗するかもと、色々考えたふりをして時間（命）を浪費せず、幸動する生き方を選びたいものです。

「スグサマ着手」、「即刻処理」

森信三

すぐやる！
なんでもやる！！
とことんやる！！！
できるまでやる！！！！
私たちの愛い言葉のひとつです。
「すぐやる！」は、成幸のためには欠かせない在り方です。
いつかやる……いつかは来ません。
今度やる……そう言ってやった試しのない人ばかり。

コツコツやる……コツコツの内容をはっきり言える人はほとんど居ません。


何を目指しているのか。

本当はどうなりたいのか。

それが明確なら、あとはその未来をハッキリと大きく描いてこまめに幸動し続けるだけです。

そして、その「こまめ」を分析して徹底すること。

世の中の細かいことの処理は、意外に面倒くさいことばかりではあります。しかし、その細かいことの徹底に勝利のポイントが隠されています。

だからこそ、マメであることが必要。

「こまめ」の中身が成幸を大きく左右するのです。

「拝（はい）」と返事をする。

「礼状」を書く。

「LINEの返信」を素早く。

「頼まれごと」を後回しにしない。

相手の「喜び事」にしっかり意識を向ける。

これらの処理や対応が早ければ早いほど、そして細やかであるほど、信用されるのは明らかです。

……

そして、もうひとつ大きな効果があります。不思議に、マメであればあるほど、氣持ちは明るくなり、イキイキとしてくるのです。かく言う私も、こう見えて案外マメなのです（笑）。「こまめ」に幸動しています。しっかり記録を取り続けたり、細かな準備に氣を配ったり。

さらに、どんなときも、「スグサマ着手」、「即刻処理」に徹しています。齢（よわい）を重ねれば重ねるほど、その早さが凄（すさ）まじくなる人がいますが、そんな人が私の目標でもあります。

さぁ、今日は「スグサマ着手」、「即刻処理」をしっかり意識して過ごしてみましょう。

レジリエンスを高める

「大きなチャンスが姿を現すときは、きっと来る。そのとき、それを利用できる準備ができていなければならない」

サム・ウォルトン

チャンスの神様には前髪しかないと言いますね。これは、チャンスが目の前を通り過ぎてしまったら、後ろ髪がないのでもう摑めないという意味ですが、もうひとつ意味があります。

それは、いつ目の前に現れるかわからないチャンスを摑むための「準備」を怠るなということ。

人生において、どんな人にも必ずチャンスが訪れます。しかし、準備を怠ると、チャンスが到来していることすら氣付けないのです。

成幸（せいこう）は、準備とチャンスの出愛（あ）いによってもたらされます。

スポーツでも、学業でも、事業でも、コツコツと地道な努力という「準備」を重ねることは、成幸に直結する重要なファクターです。

先日Netflixでサンクチュアリという相撲のドラマを観ました。相撲の世界のドラマですが、その中でも相撲の稽古は「四股（しこ）」「股割（またわり）」「テッポウ」が基本で、なかでも「四股」が全ての基本だと語られていました。

それは、強靱な足腰を鍛えるための地道な稽古という名の「準備」なのです。そして、必ず訪れる横綱への道というチャンスを掴むための「準備」なのです。

限りない準備（稽古）をしたうえで、チャレンジ（幸動（こうどう））の総量を増やすことで、てっぺんに登り詰める確率が高まることを、そのドラマでも語っていました。

日本の相撲を題材にしたそのドラマが世界中で大人氣なのには理由があります。

単なる成り上がりという視点がウケたのではなく、上手くいかなくても、自分に負けそうになっても、何度も立ち上がる「レジリエンス」を高めることが上手に描かれているからです。

それが大ヒットするということは、「レジリエンス」を高めることが私たちの欲求の一つである証です。

「レジリエンス」とは、「復元力」「抵抗力」と訳されますが、成幸のためには高い「レジリエンス」が要求されます。

成幸を摑むための「準備」のひとつとして、「レジリエンス」を高めるアプローチを意識しましょう。

そのために必要なこと……、それは新たな世界へ飛び出すチャレンジです。

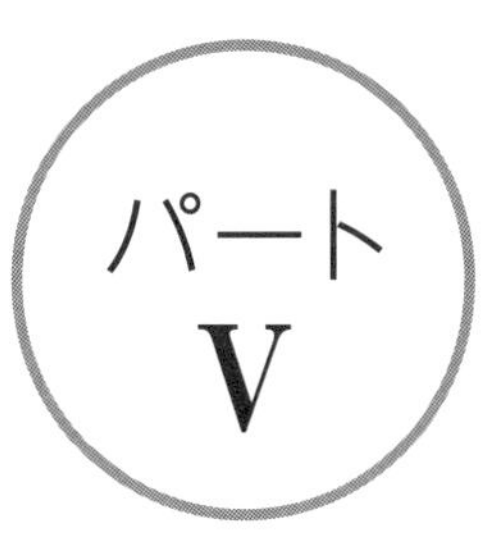

夢はでっかく、
感謝は深く

「感謝の思い」をベースに持つ

「感謝の心を持つことは、そういう小さな幸せを手にするチャンスをたくさん作ってくれる」

長友佑都

「世のため、人のため」に生きる。それはとても生き甲斐のある「在り方」です。

仏教には、「忘己利他（もうこりた）」という言葉があります。「自分のことを忘れて、人に喜んでもらうことをする」という意味ですが、これがなかなか難しい。人は自分のことで精一杯だからです。

まずは自分のことができずして、周りに意識は及びません。

自分のことを粗末にして「世のため、人のため」では本末転倒、自己犠牲に映ります。

自分の器を大きくするために、「忘己利他」といきたいものです。

たとえば、将来有望な後輩を食事に誘い、ご馳走するという振る舞いが、計算ずくで、自分の下心のためでは、「宇宙の法則＝成幸の法則」は働きません。

純粋に「楽しいから」、「氣持ちがいいから」、「感謝のために」、一緒に過ごすことが未来を創ります。

人として上等な人は「人を喜ばせる」のが好きな人、上手な人です。

「愛語」という愛ある言葉を発したり、「笑顔」でいることも、人を喜ばせることにつながります。

見返りを求めるのは真逆の行為。

見返りを求めることは、奪うことと同じ。すなわちテイカー（Taker）です。

与える人＝ギバー（Giver）になることが喜びを創ることにつながります。

そして、「謙虚」に生きること。

「自分でできることには限界がある」そんな視点に立って、みんなの力を借りるのです。私たちは周りに支えられて生きているのですから。

「謙虚」とは、「感謝」の思いを常にベースに持って生きること。

「感謝」溢れる人にはたくさんの仲間が集まってきます。


そんな人は魅力的です。

周りに集まる人も、笑顔の素敵な魅力溢れる人です。魅力がなければ人は離れていきます。

自分の魂を磨き、自分を高め、魅力的な人になりたいものです。

そして、人を喜ばせる人でありたいと思います。

大吉な人生は自分で創るもの

「人の笑顔は幸を呼ぶ」

孫正義

何のために仕事をするのかという根本の課題にどんな答えを持っていますか？
一体、人生は何のためにあるのでしょうか？
単に生活するためなら、ただ生きるためだけなら、何と無味乾燥な人生か。
もっともっとしたいことがあるはずです。
もっともっとそこにフォーカスしてしっかり人生を歩みたいものです。

そして、そのために地力を付ける努力を怠らないこと。
「すぐに儲かる」ですとか、「簡単にできる」などといった文言がインターネットはじめ、世の中に溢れていますが、ハッキリ言ってそんなに安直に成幸は手に入りません。

たとえば、「株で億万長者」ですとか「宝くじで十億円を当てる方法」といった本がありますが、それは概ね著者が儲けるための手段です。


では、私たち庶民が成幸を手にするくらいの強運を掴むには……

まずは「笑顔」です。

不機嫌で暗くて、覇氣がない人は、運を運んでこない。

そればかりでなく、人が寄り付かない。

運の良い人は、明るくて、周りから愛されます。

常に人を喜ばせようとしているその姿勢が強運を掴む在り方。

人が喜ぶ最大のものは、「笑顔」なのです。そして、笑顔で努力をし続けることがさらに強運をもたらします。

目の前の一事に、文句を言わず、ただひたすら一生懸命に努力する。その努力を周りの人は見ています。

倦まず、弛まずの努力が強運を招くのです。

初詣に行って、お御籤が大吉だ末吉だと一喜一憂する氣持ちもよくわかります。しかし大吉は自分で呼び込むもの、大吉な人生は自分で創るものだと思えた瞬間から、「自分の軸」がハッキリし始めます。

その「軸」が宇宙からは見えていると思ってください。

光り輝くその「軸」目掛けて、宇宙の幸運の光が届くのです。

最幸（さいこう）の人生は、そんなふうに自らの意志と宇宙の共同作業で拓かれるのです。

旗色を鮮明にする

「『夢の中』にこそ、日本人の忘れていたものがある」
手塚治虫

夢はありますか？
それはどんな夢ですか？
その夢を誰かに話してみましたか？
夢に向かっていつからチャレンジを始めますか？
それは、「今すぐ」です。
「力をつけてから動き出します」という人がいますが、それは間違いです。
もちろん、夢に向かう「準備」は大切です。しかしもっと大切なことは、「準備」をしながら夢に向かうということです。

何か目の前に障害があるのですか？

家族の反対ですか？

タイミングが整っていないと思っているからですか？

それが本当に歩みを妨げる原因ですか？

障害だと思っているものは、実は自分の都合のよい「言い訳」です。

本当に夢を手にしたいのなら、幸動（こうどう）すること。

ひとつの障害をクリアできても、また次の障害が現れるのは、一人ひとりの本氣を確かめるための、天からの修行です。


準備が十分でなくても、「これが私の夢」と大きくみんなに向かって宣言しましょう。

そして、とくに信頼している人にしっかり具体的にその夢の形や色を伝えてみてください。すると、その人は必ず夢の応援者になってくれます。

ドリームキラーもはっきりと明確になりますから、夢の宣言をすることで、逆に人財の整理がつくというものです。

そうやって動き始めると、同じ夢を持つ人を引き寄せたり、切磋琢磨する仲間がきっと現れます。

目指す道の先を進んでいる先輩がいたら、その人に自分の夢を話してみるのも素敵です。励ましの言葉やアドバイス、そして大きなエネルギーをくれることでしょう。夢を叶えた人は、夢を持つ人を応援したがっていますから……その先輩たちも、きっと誰かの応援に支えられて今があるのです。


どっちつかずな生き方ではなく、「旗色を鮮明」にすることで、真の仲間がハッキリと見えてきます。

人生は一度。

太いつながり、濃いつながりを大切にしたいと思います。

やるべきことをやり続ける

「夢はでっかく　根はふかく」

相田みつを

やると決めたことに対して、どんな向き愛い方をするか……

それが成幸の可能性の確率を変えるポイントです。

それは、ひとつの道を究めていこうという決意です。

「決めた」ときから、その芽は伸び始めています。途中で諦めることなく、コツコツと続けていくのは非常に大切なことです。

そうです。成幸のために必要なことは「続ける」こと。

そして「コツコツ」を明確にすることもとても大切です。

成幸までの道筋（ルート）はたくさんあります。

どんなルートを選んだとしても、超特急で行こうと、各駅停車に乗って風景を楽しみながらのんびりと行こうと、いずれにしても、途中下車してそこに留まっている人は最終目的地にはたどり着かない……

当たり前ですよね。

本当にやりたいこと、成幸のために必要なことなら、ワクワクしながら、横道にそれたりせずその旅を楽しめるはず。

周りの声に惑わされることなく、世間の流行や価値観に流されることなく、自分が本当に望んでいることかどうかを見極めてください。

どうせやるならその道のプロになりましょう。

しっかり地中深く根を張り、安定した力を出せるようになるのです。

周りの目に見えることだけを顔晴る（がんば）るような、世間体ばかりを氣にするようなことがなく、着実に、まさにコツコツと、やるべきことをやり続けるのです。

数字は成績表だという信念で、自分の努力の結果にも「こだわり」を持ちましょう。

そんな人には必ず追い風が吹き始めます。そしてその風はだんだん強くなってくるから不思議です。

やることなすことが上手くいく。こんな状況になったら毎日が楽しくて仕方ありません。

そんな日を楽しみに、そんな日をしっかり描いて、まずは深く根を張る努力を楽しみましょう。

植物も、根さえしっかりしていれば、地上部分が何かのトラブルで枯れてしまっても、またしっかり芽を出すことができます。

私たちも同じです。見栄えよりも目に見えない「根」にこだわる人生の選択こそが成幸への道です。

成幸（せいこう）に近づく道

「自分の軸で生きるとは、自分の人生の判断基準となる『在り方』をしっかりと持っていること」

永松茂久

人は「感情の動物」といわれます。本能とは別の「感情」が育ったが故に「人」なのです。

しかしこの感情が曲者でもあります。成幸（せいこう）の最大の妨げともいえるかもしれません。

自分の中に最大の敵がいるということです。

感情的な悩み（負の感情）に支配されたとき、前に進むエネルギーは失われます。

大人になるとは、この負の感情をコントロールできるようになることです。

成幸者は、謙虚に生き、人一倍の努力を惜しまない人です。人の見えない処で人知れず努力をし、決して驕らない。

だから確実に力が着くのです。

だから確実に成幸に近づいていけるのです。


上手くいかなかったときこそが向上のチャンスと捉え、検証を怠らないことです。

しっかり反省、検証をし、次へのプランを立て直すのです。

確実に、着実に進歩向上していく姿は、周りの人の信頼を集めます。

その好循環を創り出してこそひとつ頭が抜きん出るのです。


そして、成幸者は「感謝体質」でもあります。

常に、あらゆる事に氣を配り感謝の念を向けています。

今日、こうして生きていることへの感謝に始まり、今の自分を支えてくれている全ての人に感謝の念を持つ習慣は、豊かな人生を育むための大切な「在り方」です。

さらに、成幸者は自己中心的な行動とは真逆の生き方を選択しています。利他の精神に溢れ、みんなの喜びためのの幸動（こうどう）が、その人の輝きをさらに増すことにつながっています。

善行を積み、人格が上がり、人望厚く、多くの人の心を一つにする力強い存在です。素晴らしいことばかりを記しましたが、成幸し続ける人は、辛いことも、厳しい状況も、思う通りにならないジレンマも、人一倍味わっているのです。

そんな人にはなかなかお目にかかれませんが、あなたの傍の「そんな人」。その、とても大切な存在に氣付いていますか？

魔法の言葉「ありがとう」

「セルフイメージの高い人間は、外的状況がどうであれ全てを変えていく力を持つ」

本田健

「今までの人生でどんな成幸体験がありますか?」

そんな問いに対して、私たちはすぐに大きな結果を残したことがあるかないかを考えてしまいます。

しかし、何かで優勝したとか、代表に選ばれたとか、そのような体験ばかりが成幸体験という訳ではありません。

いちばん大切にする成幸体験は、「ありがとう」と言われた体験。これなら日々積み重ねることが可能ですよね。

最近、「ありがとう」と言われたことはありますか？

その小さな成幸体験こそが、大きな成幸の土台を作り、セルフイメージを高めるための特効薬です。

相手の喜ぶことをすると頂ける、魔法の言葉「ありがとう」

相手に寄り添うことで頂ける、愛の言葉「ありがとう」

「ありがとう」のコレクターになりましょう。

自分からもたくさん「ありがとう」を発信しましょう。

何でもいいのです。小さなことにもしっかり「ありがとう」を交換できる関係が、成幸を築く素敵な関係です。

頼まれたことをしっかりやり遂げて、「ありがとう」

相談を受けてアドバイスをしたときに「ありがとう」

電車の席を譲ってあげて「ありがとう」

「ありがとう」という言葉には、打算は含まれません。純粋に〝いいこと〟〝喜ぶこと〟

をしたから頂ける魔法の言葉。

この言葉を集めると、自分に自信が持てるようになります。

人から向けられる期待を重荷に感じることなく、引き受けられます。

重要な役割を与えられても、尻込みしなくなります。

たくさんの人から愛されるようになります。

こんなふうに、セルフイメージが確実に上がるのです。

「小さな成幸体験＝ありがとう」をたくさん集めて、自分の中の「自信」という柱を太く育てていきましょう。

輝く未来のために。

感謝の質を上げる

「感謝は成幸の扉を開き、魂を磨く最幸の在り方」

人見幸男

成幸に必要な学びは「体験」です。

座学のみでわかった氣になるのはとても危険です。

世の中に評論家が溢れているのはそのせいです。

そして、よく言われることですが、「何かを極めようと思ったら、その道のプロに学べ」ということです。

そもそも「学ぶ」は「真似る」から生まれた言葉なのですから、得意な人から「真似ぶ」のです。

上達のために必要な知識として、リアルな体験で裏打ちされた自分自身の「成幸パターン」を作り上げるまでは、得意な人の「成幸パターン」を取り入れることがコツです。

それを自分のものにするためには継続がカギになる訳ですが、長く継続させるためには、自分にとって「心地よく・継続できる波動」を見つけることが必要です。それは、即ち「誰とやるか」に尽きるわけです。

心地よい関係は、波動が共鳴する関係。互いに「感謝」をベースに学び愛える関係です。

その一連の幸動が習慣化すれば、願いはかなりの確率で叶い始めることでしょう。

私たちの多くが使うようになった、「引き寄せ」という言葉。あなたは「引き寄せ」だと体験したことはありますか？　その力は、「感謝の習慣化」によって極大化します。

それは、日常的に「引き寄せ」を感じられる体質になるということです。

宇宙の大いなる意思、見えない力、サムシング・グレートによって叶えられる私たちの願いは、「感謝の質を上げる」ことで確実に現実化します。
では、感謝の質を上げるとは一体何か……それもまた、共に汗をかくという協働の体験からのみ得られる、有難い実感です。

小手先で生きていては人生の醍醐味は味わえません。
感情に流されていては、荒波に巻き込まれるのは必至です。
感謝は成幸の扉を開き、魂を磨く最幸の在り方なのです。

成幸(せいこう)するためのカギ

「我々の人生の目的は、幸福であることです」

ダライ・ラマ

私が「成幸(せいこう)の法則」でお伝えしたいことは、どうしたら成幸するかというノウハウではありません。

幸せであることに感謝することの大切さや、人生をより幸せに生きようとすることの素晴らしさをお伝えしたいのです。

多くの人々は、目標を達成して初めて幸せを感じると考えるものです。目標達成は、人生においてとても意味あることですが、その過程に幸せが詰まっていることを忘れてはいけません。

目標達成のための、ときに「苦しさ」を味わいながらも「そこ」に向かう日々の充実感は、魂の成長に欠かせない大切な宇宙からの贈り物です。


成幸を求める過程で、外部の物事や条件に頼ることより、真の幸せは自分の「内なる心の状態＝在り方」によって感じるものだと悟ることが大切なのです。

自分は、どんなときに幸福感に浸れるか、これを改めて感じてみてください。

自分が今受け取っているギフトや、幸せな出来事に目を向けることで、さらなる喜びや幸せを引き寄せることができます。


自分の外側に依存しすぎることなく、内なる心の豊かさを育むことが幸せを感じ、成幸するためのカギです。

そのためには、日々の生活の中で喜びや感謝の氣持ちを大切にし、心の中に「平穏を保つ」ことが重要です。

自分自身を受け入れ、魂の成長に取り組むことで、内なる幸せを見つけることができるでしょう。

そして、「成幸」とは、今の幸せに感謝しながら、さらなる大きな幸福感を味わえる器になることだということも理解できるでしょう。

目標の達成のために励みながら、現在の状況や、瞬間を楽しむことも大切です。

感情のコントロールが必要なことも成幸に欠かせない在り方だと悟ることがいずれできるでしょう。

心の平穏です。

常に目線は未来へ。

日々のワクワクドキドキを増幅させる仲間たちとの協働が、成幸の大切な環境であることにも氣付くでしょう。

そして、成幸とは、喜びと感謝の心を持ちながら日々を過ごすことがベースであることを知ることになるのです。

感謝脳

「我々が感じる不満の全ては、我々が持っているものに対して感謝の念を抱くことがないことから生じている」

デフォー

感謝のパワーについて感じていることを記します。

こんなワークをやってみてください。

お題は「感謝探し」

私たちは、身の回りの様々なことや、大切な人に対して「感謝」することが大事だと思っているはずなのに、なかなかそれが表せないものです。ですので、「意図して探してみましょう」という試みです。

その日にあった出来事で感謝できることを記録しておいてください。「5つ」と決め打ちするのも効果的です。

何か感謝する出来事があったらスマホやノートにメモるのです。記憶に留めておいて、夜にまとめて書くのではなく、その都度。

「記憶より記録」です。


今までメモなどしていなかった「感謝」する出来事に、改めてハッキリと「感謝」の念が湧いてきたり、氣持ちも前向きになったり、何よりメモをしながら笑顔になる自分に氣付いたりします。

そして、ネガティブな出来事と上手に折り愛(あ)いをつけられるようになるから驚きです。

いかに私たちが感情の生き物かということも、手に取るように確認できることでしょう。

メモは5回まででOKですが、早めに5回の「感謝」すべき出来事が記録できたら、あとはその「感謝」を実際に味わってみてください。そして、自分の感情の変化を感じ取る。

この繰り返しのなかで確実に私たちの脳は、「感謝脳」に変わります。

もし辛いことが起きても、この「感謝脳」にスイッチが入っている人は、そのネガティブな出来事に引きずられることなく、氣持ちの切り替えがスムーズになります。

感情の切り替えも上手になりますから、幸せを引き寄せるエネルギーが体の中に充満します。それは、成幸（せいこう）を引き寄せる何よりの状態です。

そんな習慣が身につけば、周りの顔ぶれもいつの間にか変化します。

成幸に向かうための「魂友（こんゆう）」も現れることでしょう。

「感謝探し」を楽しんでみませんか？

恩贈り

「宝石は磨かなければ光らない。人は試練が無ければ完成しない」

孔子

人生の中で何度か「試練」にぶち当たったことがあることでしょう。そんなとき、真の人間関係が見えるものです。

「試練」は宇宙からのメッセージです。

自分一人ではなかなか乗り越えられない「試練」は、人間関係を見直すことや、頼れる人の存在の確認のために目の前に現れる宇宙からのメッセージ。

「試練」を辛く感じるのは、素直に助けを求める相手を見極めなさいというメッセージでもあるのです。

頼る先は親なのか、親友を超えた心友なのか、はたまた新たに現れる救世主なのか……「試練」の最中に、人生を共にする大切な人との出愛(あ)いがあることは、多くの人に起こる現実です。

そして、今まで空氣のような身近な人の愛情に改めて涙をしたり、親身になって援助しようとしてくれる友に、魂からの感謝の念が湧いてきたり。

自分を取り巻く人間関係が大きく変化するのは、自らの氣付きが大きな要因でもあります。

私たちのような凡人は、一人では成幸(せいこう)を掴むことができません。天才と呼ばれるような人も、○○の神様と称されるような人も、必ずその人を助け応援してくれた人が、その周りにいます。

大きな成幸を手にした人が、続く後輩たちの援助に積極的なのは、自分自身が多くの人に助けてもらったという実感があるからです。それを、「恩送り」、もしくは「恩贈り」といいます。

私にもメンターがいます。その彼が曰く、「俺に恩返しをすると考えるのは至極当たり前の発想だ。そして、恩返ししてくれることはとても有難い。でもな、それよりもっと大切なことは、お前の後輩たちに俺から受けた恩を送ることだ。生きているうちにたくさん恩贈りをしてやれ！」

その言葉が私のその後の幸動（こうどう）の軸になっています。

今、「試練」を迎えている仲間たちには大きな支援を送りたい。その「試練」は、「あなたが幸せになるために神様が贈ってくれたプレゼントなんですよ」と伝えてあげたい。

そして、そのプレゼントを開けてみたとき、中にある宝物を大切な仲間に見せてあげてほしいのです。

命の時間

「時間って命の一部なんですよ」

平尾誠二

1日が24時間であること。
このことは、誰にも共通な普遍的な事実です。
また、「時間とは命である」と言っても過言ではない、とさえ思うのです。
ですから、時間を無駄にしてはいけません。
この一瞬、今この時を大事に、一日を生き抜く。

時間がないとぼやく人は、命を粗末にしている人だと思うのです。
「時は金なり」という諺がありますが、時間はお金と同様に貴重なものという意味でしょう。

私たちは「自由」に憧れ、「自由」を手に入れたいともがく訳ですが、裏腹に自分の時間を切り売りして生きています。

時間と経済が自由になれば、私たちは好きなことがたくさんできることを知っています（もちろん健康があっての物種ですが……）。

それなのに、なかなかその現実を作り出せないのは何故でしょうか？


私たち人間はやりたいことをやり、楽しむために、時間が欲しいと願う生き物です。時間も惜しまず働く場合は、それが天明だと自覚したときのみ。そのレベルに行き着くまでは、何かと思う通りに生きてみたいもの。

遊び、仕事、趣味、旅行、食事、自分の命の時間を何に使うか、その融通の度合いが自由の大きさです。そして、それを果たすほどに、次は「貢献」という二文字が頭をよぎるようになるでしょう。

自分の命と思しき時間を費やして、自分自身の魂の喜ぶことをする。その最高峰が「貢献」なのです。

神様がいるのなら、一体何を基準に私たちの人生に違いを作ったのか。

生活に追われて一生を終える。

趣味の生活で満足して一生を終える。

仲間の笑顔のために力を尽くして一生を終える。

どんな人生であれ、その善し悪しを問うているのではありません。自分が満足できるのならそれで？　喜し？　ということです。

ひとつ言えることは、同じ魂の波動を持ったもの同士が人生を共にすることが「安心」なのかもしれません。

夢をハッキリと描く

「どうすれば夢を実現することができますかとよく人から尋ねられる。自分でやってみることだと私は答えている」

ウォルト・ディズニー

夢はなんですか？

そう尋ねられたら何と答えますか？

わが子に尋ねられて「お父さん（お母さん）は夢がないんだ」というのもいささか氣が引けます。

しかし、私たちの多くは目の前の生活に追われて夢を持つことも許されない現代人なのです。

今のままで本当にいいですか？

夢に向かって生きている人は素敵ですよね。

仕舞い込んでしまった夢をもう一度思い出しませんか？

本当はどうなりたいのですか？

自分に尋ねてみましょう。


夢を叶えるためには、その夢が叶ったときに多くの人が喜んでくれることが条件です。

そしてその状況をしっかりと想像できることが大切。喜んでくれる人が多いことが成幸（せいこう）の大きさを左右します。

また、一人ひとりのその喜びの大きさも、大きければ大きいほど成幸の大きさが変わることは言うまでもありません。

周りの人に変人扱いされても平常心が保てるくらいのメンタルの強さも必要です。

夢が叶うまでは、自分以外はその夢の実現を、ほとんど信じてくれません。ほとんどの人が絵空事と思っているのです。

しかし、「ホラは未来への宣言」です。

自分が手にしたい未来の姿を、どんどん言いまくるのです。

周りからはホラ吹きと言われようと、自分はその夢の実現を信じて幸動し続けるのです。

「もし、そんなことができるのなら、あなたではなくて誰かがとっくの昔にやってますよ」と、こんなふうに思われたとしても、ビクともしない自分を創りましょう。

そうしているうちに、あら不思議。

自分に賛同してくれる人が現れます。

自分と一緒に汗をかいてくれる人が現れます。

人生を共にするような仲間が現れるのです。


手にしたい夢をハッキリと描いてください。明確に、カラーで、3Dの動画で。

その夢が、本当に、本当に、手にしたいものならばお天道様は、宇宙のサムシング・グレートは、きっと応えてくれるに違いありません。

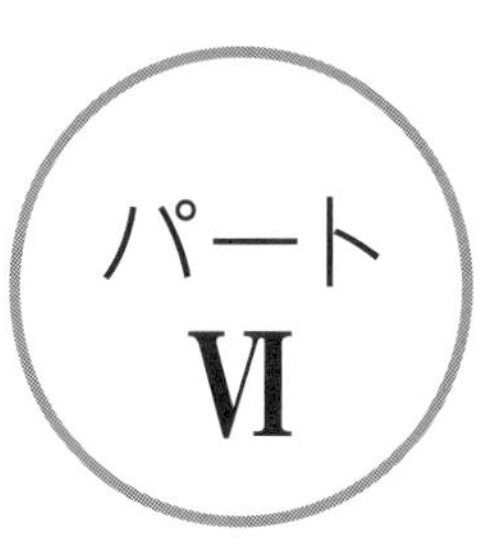

愛と光を与える人生

「愛」を与える

「その人の人生を生きたいと願っています」

オードリー・ヘップバーン

「自分以上に、自分のことを知ってくれている人」がいることの幸せを感じたことはありますか。こんな人に出愛(あ)えたら最幸(さいこう)です。

そんな人とは、いちいち言葉を選んで話す必要はありません。テレパシーで通じているが如く、いつもシンクロしているように何かを感じ愛(あ)えるのです。もしも、人生がズレていたら、真っ先に教えてくれます。

しかも、ハッキリと。本氣で。

そして、それを受け取れる自分がいます。

同性であれ、異性であれ、年上年下の別なく、そんな人が人生の中に現れたら、他の何ものにも代え難い宝なのです。

自分の良さを活かすための方法を教えてくれたり、環境を整えてくれたり、生きる力を与えてくれたりします。

だから、自分が誰だかわかり、人生が心底安定します。

どっしりと生きることができるのです。

自分らしく生きることができるのです。


では、そんな人と出愛(あ)ってない人はどうしたらいいのでしょうか。

まずは、自分が心から望んでいるかどうか、そこを判定してみてください。心から望んでいるのにまだ手に入っていないのなら、何事も同じですが「宇宙の法則＝成幸(せいこう)の法則」に従って生きていないということです。

望むものは、「与えること」により手に入ります。

まずはその原則に従い、自ら進んで幸動(こうどう)してみてください。

自分の周りの大切な仲間に対して、「愛」を与えるのです。

本氣で。
いっぱい。
その人、もしくはその人たちのことをしっかり感じる時間を大切にしてください。
そして、その人やその人たちの望むものを、自分の中で大きくハッキリ描くのです。
相手の分まで、自分が望んであげるのです。
喜ぶ姿、笑顔を想像しながら。
身体中がポカポカと暖かくなってきたら、それは思いがシンクロした証です。
最幸な時間です。

愛を大きく大きく育てる

「愛なくしては、なん人も、すぐれた才能を持っている人でさえ、幸福ではありえない」

カール・ヒルティ

暴力や非難、嫉妬、恨み……などは、心理学的には隠れたメッセージがあるといわれます。それは、

「私を見て！」

「私の意見も聞いて」

「私を認めてほしい」

「もっと注目して！」

といったメッセージです。

もし、何かに怖れている相手に、こちらも怖れで抵抗すれば、ますます被害を拡大していきます。それは、怒りに怒りをぶつけることと同じだと言えば感じ取れますよね。

自分を批判している人が目の前にいたとしても、本当のメッセージに目を向けることができたとしたら……、自分自身の愛が、相手の怖れを暖かく包み込むことができるのです。

すると、自分自身は、柔らかい気持ちと余裕を思い出すことができることでしょう。

「怖れは愛を求める叫び」なのです。

このことを知っているだけでも、相手に対する接し方は変わることでしょう。

陰で批判をされたら、それはいい氣持ちはしませんが、実はそれが「愛を求めるメッセージ」だとしたら、そこにはどんな意味合いが隠れているのでしょうか。自分ができることは、一体どんなことなのでしょうか。

少し落ち着いて感じてみると、春の雪解けのように、互いの間に存在する氷の塊も溶け出すことでしょう。

とかく私たちは、自分と感覚の一致する人を求めがちですが、夫婦も一緒に生活してみて初めて人生観の違いに氣付いたり、罵詈雑言を浴びせかけるような激しい口論をしたりするものです。

振り返ってみれば皆さんの多くも、大なり小なりそんな体験があるのではないでしょうか。

たとえば、その激しい口論の裏側には必ず「自分をわかってほしい」という思いが潜んでいるものです。

どんなときでも試されているのは自分です。

笑顔を絶やさず、常に心に太陽をといった氣持ちで生きることで、自分の中にある「愛」が大きく育つことでしょう。

成幸（せいこう）のためには、「愛」を大きく大きく育てていくことが大切なのです。

私はできる。私たちはできる

「闇で闇を追い払うことはできない。光のみがそれをなしうる。憎しみで憎しみを追い払うことはできない。ただ愛のみがそれをなしうるのだ」

ルーサー・キング・ジュニア

光を感じて生きる。

私たちの本質は「愛と光」であるといわれます。

愛は多くの人が感じ取れるものですが、私たちの本質が光といわれても、なかなかつかみがたい表現です。

何かトラブルがあって、心が乱され、どうにもならないとき、「暗闇に落ちる」などと表現しますが、それは心の中の光がかき消され、闇に支配された状態です。

魂の成長が今世の修行の大テーマとするならば、それは愛を深めることであり、光を放って多くの人を照らすことだと思います。

しかし心の中には闇があり、些細なことで口論になったり、一歩も踏み出していないことに不安になったりするのが、私たちの現実でもあります。

だから、意識をするのです。

日々が修行であることを。

魂の成長のための修行だということを。


何か課題が目の前に現れたら、それは宇宙から出された試験なのです。

私たちの人生は、振り子のように、ときには大きく、ときには小さく常に振れています。いいときばかりではありません。

何やら上手く進まないと嘆きたくなるようなときは、宇宙からの定期試験の期間です。しっかり課題と向き合って、「私はできる。私たちはできる」と笑顔で繰り返してください。

「私は愛。私は光」と思いながら。

そのことで不思議と落ち着きを取り戻せます。

そして、その試験にしっかり向き愛（あ）ってみると、難問に見えた問題に一筋の光が差し込みます。

そうです。解けるのです。解決の道筋が見えてくるのです。

落ち着いて、前向きに、解答を探します。

それが魂を磨く過程です。

一度向上した魂は、同じ課題を課題とは認めません。

それが、成長です。

自分の中に光があること。

その光は世の中を照らすパワフルな光であること。

今日は、私もそのことをしっかり受け止めてみたいと思います。

「光の道」を生きる

「人々に光を与えれば、彼らは自らの道を見出すだろう」

ダンテ・アリギエーリ

私たちは「光の道」を生きています。

といっても、全ての人がそれに氣付いてはいないようです。

肉体という、「制限」された世界の中だけで我欲に振り回されているうちは、「光の道」に氣付くことができません。

何かをきっかけにして、誰かをきっかけにして、宇宙の愛と言うべき「無制限」を学び始めると、自分自身が「光」の存在であることに氣付きます。

即ちそれは、「自分を知る」「自分に還る」大事なプロセスで、本当は、私たちが「愛と光の存在」であることを確認し、再認識することなのです。

辛いこと、苦しいことを体験するのも「愛」を学ぶため、自らが「愛」の存在であることを認識できるようになるためです。

腹を立てたり、不信感を募らせたり、それらも全て、人生は「光の道」を歩むということに氣付くためです。

「光の道」を生きる人は、人生を変えるような強烈なサポートが受けられます。それは、「革命的躍進」のエネルギーとでもいうべき、強烈なパワーです。

そのパワーのサポートを受けた人たちは、これまでの常識をくつがえすような凄い世界を体験することでしょう。

天命を共にする人に出愛(あ)う人もいれば、魂の志事(しごと)で花開く人もいる。目には見えませんが「人生の土台」を築き上げる人もいる。また、人間的にもの凄く成長して、真の成幸(せいこう)の流れを摑む人もいます。

凄いことが何かは人それぞれですが、私たちの人生に「革命的躍進」が起こることは間違いありません。

そんな私たちで力を愛わせて、チャレンジしてみませんか？　たった一度のこの人生に、新たな成幸に向かう潮流を創り、その流れに多くの人を誘うのです。

そのためには、覚悟を決めること。

自身の成長のための「エネルギー、時間、お金」を惜みなく使うこと。

「魂の仲間＝魂友」との契りをしっかり交わすこと。

魂を輝かせる

「輝いて生きるとは、ありのままの自分で生きること」

アニータ・ムジャーニ

輝く未来を手にしたいのなら、自分の魂を輝かせる必要があります。
自分を犠牲にしては決して成幸は得られません。
今が楽しいこと。
努力を楽しむこと。
本氣で生きること。
このような状態が成幸のためには欠かせないのです。

努力は我慢すること、忍耐すること、こんなイメージは自己犠牲ですから、風の時代といわれる新しい世界の成幸感とは相容れません。

たとえば、YouTubeで有名になることが成幸ではなく、YouTubeで多くの人を喜ばせ、楽しませ、自分の命が輝いているから成幸だということです。

愛も同様に、「相手を最大限輝かせる」ことということができます。相手を輝かせるということは、即ち、相手の命を輝かせることに他ならないからです。

「愛する」ということは、お互いの魂を磨き愛(あ)い、輝かせ愛う関係のことです。夫婦、親子、ビジネスパートナー……どんな関係においても、そのような関係を意識することで、「共に勝つ！」という成幸の関係が手に入ります。

だから、目の前の「人」や「志事(しごと)」にYESと言うこと。

嫌々やったり、本心を押し殺して付き合っているような環境からの脱出です。

目の前の現実（＝自分自身の運命）を必然と捉え、信頼し、共に過ごす人たちや志事を通して、自分の魂を輝かせることに意識を集中させてください。

そもそも私たちは、精一杯自分を咲かせるため、輝かせるために生まれてきたのですから。

魂はそのための計画を知っているはずなのです。その計画を思い出すために、「自分自身の魂を輝かせる」というこの一点に集中し直してみてください。

ご縁を頂いた人たちと、自分を輝かせるための目の前の環境に感謝をして、「宇宙の法則＝成幸の法則」に、身を委ねるのです。

そして、「今」という一瞬一瞬を味わい尽くしてみてください。

「自分」という存在がはっきりと確認できるようになりますから。

無意識に使う言葉にこそ自分が表れる

「やまとうたは　ひとの心をたねとして　よろづの言の葉と
ぞなれりける」
紀貫之

言葉を「言の葉」と言った時代があります。

何故「葉」の字を当てたのでしょう。口から出る言葉が、木々の葉のように繁る様子から。

ここで取り上げた名言にあるように、平安時代の「古今和歌集」に言の葉という表現があります。心を「種」、言葉を「葉」にたとえたのですね。

心にある種（思い）は、言葉の葉として繁っていき、それぞれの「人となり」がはっきりしていくのです。

ですから、言葉はとても大切。無意識で使っている言葉にこそ、「自分」が表れています。

たとえば、「あの人は氣が小さいから……」と、誰かが誰かを評する言葉を使ったとしましょう。この言葉の後に続くのは、「無理」とか「できない」という否定でしょう。

何氣なく吐いた一言が相手を否定する。

「氣が小さい」ということをポジティブに捉える言葉もあります。それは、「細心」。

「細心の注意を払って臨む」こんな言い回しからもわかる通り、物事に敏感で自分なりの価値判断を持っていることを「細心」といいます。

氣が小さいことは人生の武器にもなり得るのです。

ですから、言葉をしっかり使えるようになることは、成幸（せいこう）のための条件のひとつです。

応援の言葉は、大きな力となります。

辛く苦しいときの励ましの言葉は、心の支えとなります。

そして、人から後押しされた言葉によってやる氣になったり、幸動（こうどう）に移せたり……

それがきっかけとなり人生が大きく変わることもあります。

特別な言葉ではなくても、「ありがとう」や「お疲れさま」「おはよう」「お帰りなさい」などの日常の挨拶も、とても清々しい「氣」を整えます。

「嬉しい」「楽しい」「美味しい」「好き」「頼りにしてる」といったプラスの言葉を相手に伝えることで、信頼も深まります。

言葉の持つ力というのは、人生に大きな影響を与えるほど大きなものなのです。

人間関係を整理する

「自分の『ライフスタイル・状況・立場』が変われば、『パートナー・一緒にいたい人』は変わるのが自然／当然だ」

ホリエモン

立春を過ぎると、寒さが残るものの空氣はかなり春めいてきます。木々の間を飛び交う小鳥たちも、陽光を浴びながら楽しんでいるかのようにさえずります。和暦でいえばまさに新年。年が変わったばかりで、このときは改めて身の回りの整理を意識したいものです。

人生のお掃除は、新たな息吹、春を感じるこんなときにしておくことが、成幸人生につながる大切な習慣です。

まずは「付き合いの断捨離」から始めてみてください。

私たちは、「痛み」か「快楽」を感じることで幸動（こうどう）を起こします。この意味で、人間関係が汚れている状況であっても、痛みが無く、人生に支障が無いのなら、そのまま放置しているはずです。

私たちは、何か理由がなければ人間関係の「断捨離」をしようとは思いません。実はそれが、人生の錘（おもり）になり、自由に生きることの枷（かせ）になっているとも知らずに……

キレイに整理整頓されている部屋は使いやすいですよね。人生も、しっかり意味のある人との付き合いは、「付き愛（あ）い」に変わります。そして、氣持ちよく生きることができるようになります。

つまらぬ人間関係を整理すると、そこには大切な意味のある人が浮き上がってくるという訳です。そんな大切な人に、しっかり花を持たせることを心がけてみてください。

すると素敵な香水のように、自分自身にその花の香りが残ります。お互いの魅力で世界が輝き始めます。

そしてその素敵な香りに惹かれるように、笑顔いっぱいの素敵な仲間が寄ってくるようになるのです。

人生というドラマには、その場面場面で必要なキャストが現れます。ですから、食べ物に賞味期限があるように、人付き愛いにも賞味期限があると考えればわかりやすいでしょう。

そのとき必要であっても、未来には別々の分野で成幸を目指す関係もあるということ。

嫌な人を断捨離するということだけでなく、必要な人を明らかにするために人間関係の整理をするのです。

即、着手を！

力を愛和せる

「最後に生き残る人々は『譲る心』を持った人」

村上和雄

「共生的進化論」という考え方を聞いたことはありますか？

強い者が生き残るという「弱肉強食」ではなく、人間にかぎらず生物は、お互いに助け愛いながら進化したという考え方なのですが、これは私たちの日々にも当てはまることです。

昭和の時代は、まさに「24時間働けますか」「あんたがたタフマン」などと、勝つために、他に抜きん出るためにとことん働くことが美とされていました。

人生も、甲子園のトーナメント戦のように、勝ち抜くことが必要という考え方が広く一般的でした。

少子高齢化の著しく進んだこの日本で今必要なことは、「力を愛和せる」ということです。共に汗をかいて、みんなで勝つという思想です。

私たち一人ひとりには、「個性」という名の特徴が備わっています。その特徴の中にはきっと「特長（他よりもとくにすぐれている点や特別の長所）」があるのです。それらを活かしながら、みんなで共通の目標に向かっていく。

一人で黙々と努力するのではなく、互いに支え愛い、認め愛い、励まし愛い、学び愛いながら未来を創るのです。

弁護士のような職種までＡＩ（人工知能）に取って代わられようとしている時代です。私たち自身が旧態依然とした考え方のままでは、おそらく未来を豊かに生き抜くことはできないでしょう。

私たちには、今取り組んでいるプロジェクトがありますが、その根本理念のひとつに「みんなで勝つ！」を掲げています。

参画するメンバーの「特長」を集めることで生まれるパワーは計り知れません。

一人で勝ち切るのは難しい時代です。

チームで未来を創るのです。

みんなで成幸（せいこう）を目指し、摑み、分かち愛うのです。

退職してからやることの無い人生では虚しいですよね。生涯現役は、「みんなで勝つ！」という思想から生まれます。

傾聴の達人になる

「コミュニケーションでもっとも大切なことは、相手の言わない本音の部分を聴くことである」

ピーター・ドラッカー

私たちは、人の話を聞くとき、一定の、そして何らかのバイアスがかかった状態で聞いています。

ですから、相手の意見と自分の思いがズレたときの違和感を埋めるために、「説得」したくなり、我の強い人ほど相手の話をさえぎって、自分が話し始めてしまいます。

自分の判断や価値観を表に出さずに、「黙って聞く」ということがいかに難しいか……

それから、もうひとつ。私たちには「承認欲求」というものが備わっています。注目してほしい、認められたい、褒められたい……これが強く出ると、相手の話を聞くより自分の話を長々としてしまうということになりがちです。

相手の話をしっかり「聴く」。これは、信頼関係を深めるうえでとても重要なことです。また、セールスなど仕事の面で相手方に対してイニシアティブを取るうえでも非常に重要な技術です。

それが「傾聴」です。「傾聴」の達人は、つまらない話でも面白くしてしまう、「聴く」技術に長けているのです。

相槌をうち、頷き、笑顔で「なるほど！」と同調し、相手の思いをしっかり確認できる……そんな力が達人には備わっています。

しっかり「傾聴」ができると、相手は胸襟を開き心を許します。そうなれば、様々な方向で力を愛(あ)わせることができるようになるでしょう。セールスの場面なら、きっと話をよく聴いてくれたあなたから購入してくれるに違いありません。

忘れてはいけないことは、「傾聴」の後で自らの意見もしっかり相手に伝えるというその瞬間です。聴きっぱなしでは、相手の満足を引き出したに留まります。

もう一歩進んで、自分とのつながりを具体的な形にするためのマジックワードがあります。成幸（せいこう）の法則をすでにご存じの方は、「あの言葉ね」と頭をよぎったことでしょう。

「傾聴」することの意図もしっかり持っておくことは、成幸のために欠くことのできないファクターです。

ワクワクドキドキする心を持ち続ける

「すなほなる　をさな心を　いつとなく　忘れはつるが
惜しくもあるかな」

明治天皇

私たちは大人になるにつれ、「過去」で生きています。その意味がわかりますか？
未来が大切なはず。
そして、そのために「今ココ」を精一杯、誠実に生きることに意味があるはず。
それなのに、「過去」で生きているのです。
「あのときこうだったから、きっと今回もこうだ」
本当にそうでしょうか？
同じことなど二度と起こらないはずなのに。

相手も状況も違うはずなのに。

推測や類推は大切な幸動(こうどう)ですが、決めつけてしまっては進歩はありません。

「あのときはこうだったけど、今度はどうする？」

描く未来を手にするためには、こんなふうに新たな発想を大切にする姿勢が必要です。

「過去より上手く事を進めるために、今回は何をすればいい？」というふうに考えていきたいものです。

子どもの頃は、ことの重大さや難しさがわからないので、大人よりはるかに大胆に幸動していたものです。「失敗」という概念が乏しいから、逆に勇敢なのかもしれません。

大人になると、選択肢や知識教養、知恵が多くなるため難しいと思い込んでいるものです。

確かに、子どものように無鉄砲に動けばいいという訳ではありません。しかし、過去の体験に無いものへのチャレンジに足枷（あしかせ）があるような大人は魅力的ではありません。

「過去」からしか未来を創れないようでは、ダイナミックな人生は生きられないでしょう。

私はダイナミックに展開する人生を、自由に生きていくと決めて今があります。だからといって、そうでない人がダメだとも悪いとも思っていません。


人生は一度。

この事実の中で、「自分の人生」の描き方はそれこそ個々人の自由なのです。

子どもの頃の、純真で穢（けが）れのないワクワクドキドキする心を持ち続けたいと思います。

何を見ても驚いたり、感動したりしたあの頃、冒険心や好奇心に溢れていたあの頃のような自分で居続けたいと思います。

おわりに

私は教育業界及び人材育成に携わり、あっという間に42年の月日が流れました。その間、ご縁のあった人は延べ10万人以上になります。

横浜出身の私が、これもまた不思議なご縁で大分に移住して12年が経過しました。自然豊かな大分で日々、心豊かに過ごすなかで書き始めたのがこの「成幸の法則」です。

朝の清々しい時間のなか、降りてくる言葉と向き愛い、今日という大切な一日をスタートさせる習慣はいつしかお仲間の中にも広がり、遠く離れていても、互いの氣を感じ愛えるといった不思議な体験もしています。

「成幸とはどんな状態のことか」と、多くの方々に問いかけてまいりました。

心身の健康がまず第一。

そして、経済の世の中に生きているが故に、経済も豊かであるほど、大きな貢献も可能であること。

生きる意味を、このたった一度の人生の価値を、しっかり感じ取っていることも大切でしょう。

何より家族の融和や、志を同じくする仲間との切磋琢磨も、大切な成幸の要素の一つです。

今回、そんな思いで書き綴ってきた毎朝の「成幸の法則」を出版いただける幸運に恵まれました。

大変幸せなことと受け止めております。

この出版のきっかけを作っていただいた株式会社ボディ ボックスの太田優士社長、株式会社テラス ジェイの酒井隼社長のお二人、また、丁寧に編集をしていただいた総合出版コスモ21の山崎優社長、株式会社ソーシャルトラストデザインの水黒菜穂美社長のお二人、さらに、常に寄り添ってくれたL·ife V·is·ion Des·ign LCCの塩川英一CEO、一般社団法人日本を健幸にする会の村上享子代表理事、成幸の法則のイメージをスピリチュアルに描いてくれた龍体文字クリエイターのｙｏ‐ｋａ　ＭＩＤＯＲＩＫＡＷＡさんにも心より感謝申し上げます。

そして、この本を手にしていただいた皆様の「成幸」を心よりお祈り申し上げます。

人生は、子どもの頃の夏休みのようにあっという間に過ぎていきます。お互い悔いのない人生を。

ひとみ幸お

二〇二三年九月吉日

●著者プロフィール

ひとみ幸お（ひとみゆきお）

横浜市出身、大分県在住。

教育業界及び人材育成に携わり10万人を超える人に影響を与えてきた「成幸コンシェルジュ」。

現在は4社の代表取締役会長であり、その経営を通じて出愛った人に「成幸」の奥義を伝え続けている。

「成幸」のためには、宇宙の法則に則った「型」の習得が欠かせないと説き続け、その「型」を伝授しながら数多くの「成幸者」を世に輩出している。

●口絵画家プロフィール

yo-ka MIDORIKAWA

龍体文字クリエイター、マヤ暦アドバイザー、リラクゼーションセラピスト。

千葉県千葉市花見川区にて瞑想ヘッドスパ＆アロマ整体サロン『Dhyana～ディヤーナ』を経営。千葉県在住。

ひとみ幸お　成幸の法則

2023年９月29日　第１刷発行

著　者――――ひとみ幸お

発行人――――山崎 優

発行所――――コスモ21
〒171-0021　東京都豊島区西池袋2-39-6-8F
☎03(3988)3911
FAX03(3988)7062
URL https://www.cos21.com/

印刷・製本――中央精版印刷株式会社

定価はカバーに表示してあります。

ISBN978-4-87795-429-1 C0030